Descobrir Jogos Online Grátis

Disponível Aqui:

BestActivityBooks.com/FREEGAMES

5 DICAS PARA COMEÇAR

1) CÓMO RESOLVER LAS SOPA DE LETRAS

Os puzzles têm um formato clássico:

- As palavras estão escondidas sem espaços ou hífenes,...
- Orientação: As palavras podem ser escritas para a frente, para trás, para cima, para baixo ou na diagonal (podem ser invertidas).
- As palavras podem sobrepor-se ou intersectar-se.

2) APRENDIZAGEM ACTIVA

Ao lado de cada palavra há um espaço para anotar a tradução. Para encorajar a aprendizagem activa, um **DICIONÁRIO** no final desta edição permitir-lhe-á verificar e expandir os seus conhecimentos. Procure e anote as traduções, encontre-as no puzzle e adicione-as ao seu vocabulário!

3) MARCAR AS PALAVRAS

Pode inventar o seu próprio sistema de marcação - talvez já use um? Pode também, por exemplo, marcar palavras difíceis de encontrar com uma cruz, palavras favoritas com uma estrela, palavras novas com um triângulo, palavras raras com um diamante, e assim por diante.

4) ESTRUTURANDO A APRENDIZAGEM

Esta edição oferece um **CADERNO DE NOTAS** prático no final do livro. Nas férias, em viagem ou em casa, pode facilmente organizar os seus novos conhecimentos sem a necessidade de um segundo caderno!

5) JÁ TERMINOU TODAS AS GRELHAS?

Nas últimas páginas deste livro, na secção **DESAFIO FINAL**, encontrará um jogo gratuito!

Rápido e fácil! Consulte a nossa colecção de livros de actividades para o seu próximo momento de diversão e **aprendizagem**, a apenas um clique de distância!

Encontre o seu próximo desafio em:

BestActivityBooks.com/MeuProximoLivro

Aos vossos lugares, preparem-se...Vão!

Sabia que existem cerca de 7.000 línguas diferentes no mundo?
As palavras são preciosas.

Adoramos línguas e temos trabalhado arduamente para criar
livros da mais alta qualidade para si. Os nossos ingredientes?

Uma selecção de tópicos adequados à aprendizagem, três
boas porções de entretenimento, e depois acrescentamos uma
colherada de palavras difíceis e uma pitada de palavras raras.
Servimo-los com amor e máximo divertimento, para que possa
resolver os melhores jogos de palavras e se divirta a aprender!

A sua opinião é essencial. Pode participar activamente no
sucesso deste livro, deixando-nos um comentário. Gostaríamos
de saber o que mais lhe agradou nesta edição.

Aqui está um link rápido para a sua página de encomendas:

BestBooksActivity.com/Avaliacoes50

Obrigado pela vossa ajuda e divirtam-se!

A Equipa Inteira

1 - Dirigindo

```
К Ш Ж Ъ У Т Д О Р О Г А П М
Ы Г Ф Т Л Ш Р П Ц Г Ы С О О
А В А Р И Я Т А О А О Т Л Т
Щ Ф П Ш Ц Т У С Н З М О И О
К А Р Т А О Н Н В С С Р Ц Ц
Г А Р А Ж П Н О Щ Ы П М И И
Ы Ы Х Щ Ц Л Е С Т П М О Я К
Е Х Ц И Г И Л Т У А О З Р Л
Ю С Е Т Т В Ь Ь Ъ Ф Т А Ц Т
Б Х Б Е З О П А С Н О С Т Ь
А В Т О М О Б И Л Ь Р Ш М М
У О С Т О Р О Ж Н О С Т Ь Е
Д В И Ж Е Н И Е Т Г Н П Я Н
П Ж П Е Ш Е Х О Д А С Д К Р
```

АВАРИЯ	МОТОР
АВТОМОБИЛЬ	ПЕШЕХОД
ТОПЛИВО	ОПАСНОСТЬ
ОСТОРОЖНОСТЬ	ПОЛИЦИЯ
ДОРОГА	УЛИЦА
ТОРМОЗА	БЕЗОПАСНОСТЬ
ГАРАЖ	ТРАНСПОРТ
ГАЗ	ДВИЖЕНИЕ
КАРТА	ТУННЕЛЬ
МОТОЦИКЛ	

2 - Atividades

Х	Л	У	Д	О	В	О	Л	Ь	С	Т	В	И	Е
С	К	Е	Р	А	М	И	К	А	Б	А	Ь	Ф	О
С	А	Д	О	В	О	Д	С	Т	В	О	К	Б	Х
И	С	К	У	С	С	Т	В	О	Ш	Д	О	Ш	О
Р	Н	Ь	И	Г	Р	Ы	Д	О	С	У	Г	Г	Т
М	Ш	Т	Ф	О	Т	О	Г	Р	А	Ф	И	Я	А
А	А	Р	Е	Ч	Т	Е	Н	И	Е	Н	Ю	Д	Б
И	Я	Г	Е	Р	Ф	С	М	У	Л	А	Я	Ш	Ч
К	Г	Н	И	М	Е	Ы	Ю	К	Я	В	Ц	Д	Р
Т	Щ	И	Б	Я	Е	С	И	Р	Я	Ы	Е	Ш	Д
Г	Б	К	Л	М	Я	С	Ы	Г	К	К	Л	Г	Ш
О	Щ	Д	Е	Я	Т	Е	Л	Ь	Н	О	С	Т	Ь
Ж	Ш	Х	Г	Ю	С	Т	Б	А	Ю	Ю	Г	Р	Г
П	Е	Ш	И	Й	Т	У	Р	И	З	М	Б	Ь	Ф

ИСКУССТВО	ИНТЕРЕСЫ
РЕМЕСЛА	САДОВОДСТВО
ДЕЯТЕЛЬНОСТЬ	ИГРЫ
ОХОТА	ДОСУГ
ПЕШИЙ ТУРИЗМ	ЧТЕНИЕ
КЕРАМИКА	МАГИЯ
ФОТОГРАФИЯ	УДОВОЛЬСТВИЕ
НАВЫК	

3 - Churrascos

```
Г  К  Ф  Р  У  К  Т  Д  Ж  Х  П  О  Ъ  Е
Н  О  Ж  И  К  С  С  Щ  Ф  Ь  Р  В  С  Х
П  Ц  Р  Ф  Х  Ж  В  С  Т  О  И  О  Я  Ж
Е  Е  Ч  Я  Л  Е  Т  О  О  В  Г  Щ  Д  Ц
Ч  Д  Ъ  У  Ч  Ф  И  Л  Л  Щ  Л  И  Е  О
Г  Р  И  Л  Ь  И  Я  Ь  Е  Ч  А  У  Т  Б
И  П  Е  Р  Е  Ц  Й  В  У  Б  Ш  Т  И  Е
П  М  П  О  М  И  Д  О  Р  Ы  Е  С  Д  Д
Л  У  С  О  У  С  И  Ь  П  Н  Н  Г  О  Я
Щ  З  А  Е  Ъ  У  Ю  Г  Ь  Я  И  О  Ы  Ш
Е  Ы  Л  Ж  М  Ь  Ц  Щ  Р  Ъ  Е  Л  И  Ю
Ш  К  А  У  Х  Ь  М  Ж  И  Ы  Я  О  И  Щ
А  А  Т  Щ  В  И  Я  Ш  Ы  У  Г  Д  У  А
Ь  Н  Ы  Ь  Ч  Л  У  К  К  У  Р  И  Ц  А
```

ЛУК	ИГРЫ
ПРИГЛАШЕНИЕ	ОВОЩИ
ДЕТИ	СОУС
НОЖИ	МУЗЫКА
СЕМЬЯ	ПЕРЕЦ
ГОЛОД	ГОРЯЧИЙ
КУРИЦА	СОЛЬ
ФРУКТ	САЛАТЫ
ГРИЛЬ	ПОМИДОРЫ
ОБЕД	ЛЕТО

4 - Pesca

О	П	К	П	Д	Щ	Щ	Р	Т	Е	О	О	Г	Ф
З	О	О	Р	Л	Ъ	Р	Ч	Е	Ж	А	Б	Р	Ы
Е	В	Р	Е	Е	Я	Н	Е	Р	К	Л	О	Л	В
Р	А	З	У	Ъ	Г	Ж	Л	П	К	А	Р	Ф	Ш
О	Р	И	В	О	Д	А	Ю	Е	Р	У	У	Ч	Е
О	Ц	Н	Е	Ь	У	Ж	С	Н	Ю	Б	Д	Ъ	Б
Ю	Х	А	Л	В	Ш	Б	Т	И	К	А	О	К	Ж
Т	Ч	Я	И	Ю	Ш	Ц	Ь	Е	Е	О	В	Ф	Л
Н	В	Ю	Ч	П	Р	О	В	О	Д	Л	А	Ц	А
Ю	А	Х	Е	О	К	Е	А	Н	П	Х	Н	С	Г
Ж	Ч	К	Н	Л	О	Д	К	А	Б	С	И	Ц	Г
В	Р	Л	И	С	Е	З	О	Н	В	В	Е	У	Ж
Б	Е	Щ	Е	П	Л	А	В	Н	И	К	И	К	В
А	Ю	С	П	Р	И	М	А	Н	К	А	Ю	Б	И

ВОДА
ПЛАВНИКИ
ЛОДКА
ЖАБРЫ
КОРЗИНА
ПОВАР
ОБОРУДОВАНИЕ
ПРЕУВЕЛИЧЕНИЕ
ПРОВОД
КРЮК

ПРИМАНКА
ОЗЕРО
ЧЕЛЮСТЬ
ОКЕАН
ТЕРПЕНИЕ
ВЕС
ПЛЯЖ
РЕКА
СЕЗОН

5 - Geologia

Ш	Ь	И	К	П	Т	З	М	Х	П	Р	Я	Д	П
Ж	Ш	С	А	Е	Ь	Е	И	С	О	Л	Ь	Т	К
Н	К	К	М	Щ	Г	М	Н	Т	М	А	А	В	Б
К	Ъ	О	Е	Е	К	Л	Е	А	И	В	К	Т	Д
И	В	П	Н	Р	Р	Е	Р	Л	О	А	А	Ю	О
С	Я	А	Ь	А	И	Т	А	А	В	Ц	Л	А	К
Л	Е	Е	Р	Ш	С	Р	Л	Г	У	Ы	Ь	Х	О
О	О	М	Т	Ц	Т	Я	Ы	М	Л	Щ	Ц	П	Н
Т	С	О	З	Р	А	С	Ц	И	К	Д	И	О	Т
А	Л	Е	О	Ы	Л	Е	К	Т	А	В	Й	Ц	И
Щ	О	Н	Н	Ц	Л	Н	О	Ы	Н	Х	Ы	Т	Н
К	Й	Ш	А	Я	Ы	И	К	О	Р	А	Л	Л	Е
Э	Р	О	З	И	Я	Е	Б	Г	Ш	Щ	Н	В	Н
С	Т	А	Л	А	К	Т	И	Т	Ъ	Ц	Щ	В	Т

КИСЛОТА
СЛОЙ
ПЕЩЕРА
КАЛЬЦИЙ
КОНТИНЕНТ
КОРАЛЛ
КРИСТАЛЛЫ
ЭРОЗИЯ
СТАЛАКТИТ
СТАЛАГМИТЫ

ИСКОПАЕМОЕ
ЛАВА
МИНЕРАЛЫ
КАМЕНЬ
ПЛАТО
КВАРЦ
СОЛЬ
ЗЕМЛЕТРЯСЕНИЕ
ВУЛКАН
ЗОНА

6 - Tempo

Ю	П	Ф	Ъ	У	Ю	Ж	С	М	Ь	Ч	Д	У	М
Ь	Л	Х	Я	Ф	Ф	Ю	В	Е	К	А	Е	Т	И
К	А	Л	Е	Н	Д	А	Р	Ь	Г	С	Н	Р	Н
Ю	Ч	М	М	Д	Н	Т	Б	Ж	О	О	Ь	О	У
Ф	Б	А	Е	Ъ	Х	Г	Б	П	Д	Ъ	Д	Ж	Т
Д	Д	Е	С	Я	Т	И	Л	Е	Т	И	Е	Н	А
О	Ш	Ф	Я	Ы	В	Ч	Е	Р	А	Т	Ы	К	Я
Ь	Ж	Щ	Ц	Д	Е	Ж	Е	Г	О	Д	Н	Ы	Й
Б	У	Д	У	Щ	Е	Е	Н	Н	О	Ч	Ь	У	С
С	Е	Г	О	П	О	Л	Д	Е	Н	Ь	О	Я	Е
Ы	Я	Ъ	М	О	М	Е	Н	Т	Д	П	С	Ж	Й
О	С	Ц	Ъ	М	У	Т	К	У	Ж	Е	Ь	М	Ч
Я	Н	У	О	Ы	У	Р	Е	Ь	М	К	Л	У	А
П	П	У	В	Ф	Р	П	Ы	А	Ч	Ц	Ж	Я	С

СЕЙЧАС
ГОД
ДО
ЕЖЕГОДНЫЙ
КАЛЕНДАРЬ
ДЕСЯТИЛЕТИЕ
ДЕНЬ
БУДУЩЕЕ
СЕГОДНЯ
ЧАС

УТРО
ПОЛДЕНЬ
МЕСЯЦ
МИНУТА
МОМЕНТ
НОЧЬ
ВЧЕРА
ЧАСЫ
НЕДЕЛЯ
ВЕК

7 - Astronomia

П	Ж	С	О	З	В	Е	З	Д	И	Е	М	Т	С
В	С	Я	С	Ч	С	Ю	Б	Л	У	Н	А	У	В
З	А	О	Р	Щ	Л	Х	Д	З	К	Е	С	М	Е
А	С	Т	Р	О	Н	О	М	Е	О	Б	Т	А	Р
Т	Т	О	У	А	В	М	Б	М	С	О	Е	Н	Х
М	Р	Н	Г	Д	К	М	Ъ	Л	М	В	Р	Н	Н
Е	О	Н	М	Р	Ъ	Е	М	Я	О	Ю	О	О	О
Н	Н	Ь	Ю	В	Ч	Т	Т	Ф	С	Т	И	С	В
И	А	П	Л	А	Н	Е	Т	А	О	О	Д	Т	А
Е	В	Щ	Е	Я	Ч	О	Ш	Я	П	Ъ	И	Ь	Я
Я	Т	Ц	Г	И	А	Р	У	Ы	Ю	Б	К	И	Я
Р	У	О	Б	С	Е	Р	В	А	Т	О	Р	И	Я
Г	Р	А	В	И	Т	А	Ц	И	Я	Щ	С	К	М
Е	С	О	Л	Н	Е	Ч	Н	Ы	Й	А	Ю	Л	Л

АСТЕРОИД
АСТРОНАВТ
АСТРОНОМ
НЕБО
СОЗВЕЗДИЕ
КОСМОС
ЗАТМЕНИЕ
РАКЕТА
ГРАВИТАЦИЯ

ЛУНА
МЕТЕОР
ТУМАННОСТЬ
ОБСЕРВАТОРИЯ
ПЛАНЕТА
СОЛНЕЧНЫЙ
СВЕРХНОВАЯ
ЗЕМЛЯ

8 - Circo

О	П	А	Р	А	Д	Б	И	Л	Е	Т	Д	К	У
Б	А	К	Л	О	У	Н	М	Ц	К	Ч	Е	О	Ч
М	Л	Р	О	О	В	Ю	Ж	А	Ж	Н	Ы	С	Ъ
А	А	О	Я	Н	М	Ц	И	Я	Г	Ф	Щ	Т	О
Н	Т	Б	Ф	И	Ф	Ж	В	С	Б	И	Ф	Ю	Б
Ы	К	А	В	М	Щ	Е	О	Х	С	Г	Я	М	Ш
В	А	Т	М	З	Р	И	Т	Е	Л	Ь	Ц	Х	У
А	П	И	Ь	А	Ж	Г	Н	Ы	О	Ю	Я	М	Б
Т	Е	Г	В	К	Г	Ь	Ы	Е	Н	М	Б	У	Щ
Ь	Г	Р	А	З	В	Л	Е	К	А	Т	Ь	З	Л
Ж	О	Н	Г	Л	Е	Р	Щ	Ш	Ь	С	Х	Ы	Е
Д	О	Ь	О	Ц	С	Ъ	Е	Х	Ч	П	К	К	В
О	Б	Е	З	Ь	Я	Н	А	Б	Л	Ю	Д	А	А
К	Х	Ж	У	Б	С	В	Ы	К	У	Ъ	С	Р	Ъ

АКРОБАТ
ЖИВОТНЫЕ
БИЛЕТ
ПАРАД
КОНФЕТЫ
СЛОН
РАЗВЛЕКАТЬ
ЗРИТЕЛЬ
ЛЕВ
ОБЕЗЬЯНА

МАГИЯ
ЖОНГЛЕР
МАГ
МУЗЫКА
КЛОУН
ПАЛАТКА
ТИГР
КОСТЮМ
ОБМАНЫВАТЬ

9 - Acampamento

```
В  Ы  Ц  С  Ш  Ш  Ш  Ц  Ж  Ю  Ж  В  П  К
К  Л  К  Ъ  Р  Щ  Ю  Ш  И  С  Ь  Е  Р  С
Ы  Н  К  А  Р  Т  А  Ю  В  Т  Щ  Р  И  Ь
Г  А  Ы  Б  М  Н  К  Г  О  Р  А  Е  К  Е
Б  С  Щ  А  Л  Ф  О  А  Т  Л  Х  В  Л  О
Ц  Е  Г  К  Ц  У  М  М  Н  Ф  Щ  К  Ю  Д
Ж  К  С  Д  Ъ  Л  П  А  Ы  О  С  А  Ч  Е
Л  О  З  Е  Р  О  А  К  Е  Н  Э  Н  Е  Р
П  М  Д  В  Л  Х  С  Р  Н  А  Щ  О  Н  Е
Л  О  О  Г  О  Н  Ь  И  Т  Р  Л  С  И  В
Е  Е  П  Р  И  Р  О  Д  А  Ь  У  А  Е  Ь
С  О  Б  О  Р  У  Д  О  В  А  Н  И  Е  Я
Ш  Л  Я  П  А  М  О  Х  О  Т  А  А  М  Я
П  А  Л  А  Т  К  А  Х  Ю  Е  Б  Ж  С  К
```

ЖИВОТНЫЕ
ПРИКЛЮЧЕНИЕ
ДЕРЕВЬЯ
КОМПАС
ОХОТА
КАНОЭ
ШЛЯПА
ВЕРЕВКА
ОБОРУДОВАНИЕ
ЛЕС

ОГОНЬ
НАСЕКОМОЕ
ОЗЕРО
ФОНАРЬ
ЛУНА
ГАМАК
КАРТА
ГОРА
ПРИРОДА
ПАЛАТКА

10 - Emoções

```
С И М П А Т И Я С К Щ М Г С
М Б Б Б И С Я К Ь Т Д И Н О
У Ъ Ъ Н Л Р Щ Б Р Д Р Р Е Д
Щ П П Е Ч А Л Ь Т Х Ч А В Е
Е В Д У У Д Г Б С Ч Ц Щ Х Р
Н Ц Щ С П О К О Й Н Ы Й Г Ж
Н Е Ж Н О С Т Ь Д С Х В Б А
Ы Л Я Ю Ч Т Ъ Л Р А К Н Ь Н
Й А С Л И Ь Ю Ц Е М Р У У И
Я Б Ю Ю Д О В О Л Е Н Н К Е
С П О К О Й С Т В И Е Ч Ы А
Р А С С Л А Б Л Е Н Н Ы Й Й
Ж Д Б Л А Ж Е Н С Т В О Н Х
Д О Б Р О Т А Л Ю Б О В Ь О
```

РАДОСТЬ

ЛЮБОВЬ

БЛАЖЕНСТВО

ДОБРОТА

СПОКОЙНЫЙ

СОДЕРЖАНИЕ

СМУЩЕННЫЙ

БЛАГОДАРНЫЙ

СТРАХ

МИР

ГНЕВ

РАССЛАБЛЕННЫЙ

ДОВОЛЕН

СИМПАТИЯ

НЕЖНОСТЬ

СКУКА

СПОКОЙСТВИЕ

ПЕЧАЛЬ

11 - Ficção Científica

У	Т	О	П	И	Я	Г	Щ	С	К	В	Ш	Э	Ц
Л	В	А	С	Ъ	К	А	Е	С	Ю	Р	Ф	К	С
Ю	З	Т	Н	Ч	С	Л	В	Ц	Ъ	Е	С	С	Т
О	Р	А	К	У	Л	А	О	Е	Ж	А	Н	Т	Е
Т	Ы	Л	П	Л	И	К	О	Н	В	Л	А	Р	Х
Ь	В	П	Л	А	Л	Т	Б	А	Ы	И	Н	Е	Н
Н	Я	П	А	Д	Л	И	Р	Р	А	С	Т	М	О
О	Г	О	Н	Ь	Ю	К	А	И	Т	Т	И	А	Л
С	Е	Ъ	Е	Р	З	А	Ж	Й	О	И	У	Л	О
Р	К	Ж	Т	О	И	М	А	Я	М	Ч	Т	Ь	Г
К	Н	Р	А	Б	Я	У	Е	Ц	Н	Н	О	Н	И
Щ	И	Ц	М	О	Ж	Р	М	Б	Ы	Ы	П	Ы	Я
О	Г	Н	М	Т	Ш	Ш	Ы	И	Й	Й	И	Й	О
Т	И	Я	О	Ы	Н	А	Й	Ц	Р	Ч	Я	Ъ	Т

АТОМНЫЙ
СЦЕНАРИЙ
КИНО
КЛОНЫ
АНТИУТОПИЯ
ВЗРЫВ
ЭКСТРЕМАЛЬНЫЙ
ОГОНЬ
ГАЛАКТИКА
ИЛЛЮЗИЯ

ВООБРАЖАЕМЫЙ
КНИГИ
МИР
ОРАКУЛ
ПЛАНЕТА
РЕАЛИСТИЧНЫЙ
РОБОТЫ
ТЕХНОЛОГИЯ
УТОПИЯ

12 - Mitologia

```
Г Л А Б И Р И Н Т Ы В Л А С
П Р Ч Р С М Е С Т Ь Ы Ч Р У
К Ъ О Я Ъ И К В К И Ю Л Х Щ
У Ц Ж М Д Ь Л Ж Н М Ф Ж Е Е
Л Е Г Е Н Д А А Ф О Л К Т С
Ь Г Е Р О Й Н Ц Я Л С А И Т
Т М О Н С Т Р А Щ Н О Т П В
У С М Е Р Т Н Ы Й И З А Ь О
Р К М А Ю А Д Р Ф Я Д С В С
А С О Я М В Г Щ Ж И А Т О Я
П О В Е Д Е Н И Е М Н Р И Х
Б Е С С М Е Р Т И Е И О Н У
Г Е Р О И Н Я И Я Р Е Ф Х Ч
В О Л Ш Е Б Н Ы Й К О А Б Ъ
```

АРХЕТИП	ГЕРОЙ
РЕВНОСТЬ	БЕССМЕРТИЕ
ПОВЕДЕНИЕ	ЛАБИРИНТ
СОЗДАНИЕ	ЛЕГЕНДА
СУЩЕСТВО	ВОЛШЕБНЫЙ
КУЛЬТУРА	МОНСТР
КАТАСТРОФА	СМЕРТНЫЙ
СИЛА	МОЛНИЯ
ВОИН	ГРОМ
ГЕРОИНЯ	МЕСТЬ

13 - Medições

```
В Е С У Ф Н О М Т Ж Г Б Ъ И
Ш И Т Н Е С Б А Й Т П С А К
И Ш Е Ц О Ф Ъ С Ч Б У О Т Г
Р У П И Ч К Е С Д О Ш Ъ Д Л
И И Е Я Х Ш М А Г Х Г Ъ Ю У
Н Ч Н Д Е С Я Т И Ч Н Ы Й Б
А К Ь Б Л Ш Б О В М Я О М И
Е Г К Ж И И Е Н Ы Ы Е Ф Ы Н
М И Н У Т А Н Н Н Ш С Т Х А
Ц Т М Ю Р Л Б А У У И О Р Б
Р В Ф У Ф С А Н Т И М Е Т Р
К И Л О М Е Т Р Ш М Р Н Щ А
К И Л О Г Р А М М Я Л Ф Ш П
Ъ Ь Н Т Л Ж Р Г Р А М М Д Ш
```

ВЫСОТА	МЕТР
БАЙТ	МИНУТА
САНТИМЕТР	УНЦИЯ
ДЛИНА	ВЕС
ДЕСЯТИЧНЫЙ	ДЮЙМ
ГРАММ	ГЛУБИНА
СТЕПЕНЬ	КИЛОГРАММ
ШИРИНА	КИЛОМЕТР
ЛИТР	ТОННА
МАССА	ОБЪЕМ

14 - Plantas

Е	Б	Ч	У	А	Ы	Л	Н	К	Ж	Л	О	Ф	Р
П	О	О	Ч	Д	К	С	Б	Ъ	А	Е	У	Л	Ы
Я	Б	Ц	Т	К	О	Р	Е	Н	Ь	С	У	О	С
Г	К	П	Х	А	Г	Б	Ъ	Р	Г	М	Ф	Р	О
О	П	Л	Ю	Щ	Н	Т	Р	А	В	А	Т	А	Л
Д	Ш	Н	О	Б	Т	И	П	Е	А	Ш	Ф	П	Н
А	Д	Щ	А	Щ	Ч	Х	К	У	Н	Л	Ц	Ж	Ц
Ч	Ы	М	И	Ц	О	Ш	А	А	У	И	В	К	Е
Л	Е	П	Е	С	Т	О	К	Т	Ь	С	Е	У	В
Ч	И	И	П	К	А	К	Т	У	С	Т	Т	С	И
Ш	В	С	Я	Б	А	Д	Е	Р	Е	В	О	Т	Ц
Ъ	Д	Х	Т	М	О	Х	С	Ь	У	А	К	М	Ч
Ж	Ы	Н	Х	В	Г	О	А	У	О	Б	Ъ	Щ	Б
Б	А	М	Б	У	К	Б	Д	М	Р	Л	А	Ы	Ц

КУСТ	ЛЕС
ДЕРЕВО	ЛИСТ
ЯГОДА	ЛИСТВА
БАМБУК	ТРАВА
БОТАНИКА	ПЛЮЩ
КАКТУС	САД
БОБ	МОХ
УДОБРЕНИЕ	ЛЕПЕСТОК
ЦВЕТОК	КОРЕНЬ
ФЛОРА	СОЛНЦЕ

15 - Veículos

П	А	Р	О	М	Ы	У	Ф	В	М	Е	Т	Р	О
Ы	Г	В	Н	Г	О	С	У	Е	О	Г	П	Р	А
С	К	У	Т	Е	Р	Т	Р	Л	Т	Р	Ъ	Е	В
Т	П	С	Б	О	Я	Т	Г	О	О	У	Ч	А	Т
Р	Щ	Т	С	Ь	Б	К	О	С	Р	З	Ю	Т	О
А	Ш	С	А	О	К	У	Н	И	А	О	Щ	К	М
К	Ц	Д	М	К	В	И	С	П	К	В	К	А	О
Т	Л	Ю	О	Ъ	С	Д	Х	Е	Е	И	Б	Р	Б
О	Н	Ч	Л	Я	А	И	Ф	Д	Т	К	Ь	А	И
Р	Д	Е	Е	П	Л	О	Т	У	А	К	Ш	В	Л
Ф	Е	Ч	Т	Л	О	Д	К	А	Х	Ь	И	А	Ь
И	П	Ш	М	А	Н	Ь	Д	Ъ	И	Щ	Н	Н	Т
С	Б	В	Е	Р	Т	О	Л	Е	Т	Я	Ы	Л	Ш
Я	Я	Т	Ф	У	Т	Ж	К	Я	Ю	Ш	Н	А	Ъ

SAMOЛET
ПАРОМ
ЛОДКА
ВЕЛОСИПЕД
ГРУЗОВИК
КАРАВАН
АВТОМОБИЛЬ
РАКЕТА
ФУРГОН
ВЕРТОЛЕТ

ПЛОТ
СКУТЕР
МЕТРО
МОТОР
АВТОБУС
ШИНЫ
ТАКСИ
ЧЕЛНОК
ТРАКТОР

16 - Restaurante # 2

```
С А Л А Т Т О С Щ К Д Ъ О З
Д П Ы И Ц А К Ь Б Ю С Я Б А
О Ч Р Р О С И Ш П Б У Ч Е К
Т Г Я Ф Ш С Т У Л Е Д С Д У
О Ц Ж Я Р Р О Ш Ч Л Н У Д С
Р В О Д А У Н Ш В Ь А П Л К
Т И О К М С К В К Т П П Б А
Е Л Т Щ Е П Ь Т У Ы И С Ш У
Е К В Ю И Е С Ц С М Т О Б А
У А О Ф И Ц И А Н Т О Л Щ А
Р Ы Б А Ж И Х М Ы Р К Ь П Е
П М Ф К Ф И Я Л Й Т К У А Т
Ф К Е А Щ Я Е Ф М П К Б Ц Щ
Л О Ж К А Я Й Ц А Н В А Ы С
```

ЗАКУСКА	ВИЛКА
ВОДА	ЛЕД
НАПИТОК	ОБЕД
ТОРТ	ОВОЩИ
СТУЛ	ЛАПША
ЛОЖКА	ЯЙЦА
ВКУСНЫЙ	РЫБА
СПЕЦИИ	СОЛЬ
ФРУКТ	САЛАТ
ОФИЦИАНТ	СУП

17 - Países #2

```
П А К И С Т А Н В У Я Б У П
В И Г Н П Н П Х С Н П Щ Г Л
К Л М Д Л Р М П С Ч О Ш А Н
Н Ъ Ц О Г А И Т И Х Н Р Н И
Л Г Ц Н Щ М О Ц Р Н И О Д К
И И Р Е Ы Е Д С И Ф Я С А Х
В Р И З Щ К Ш О Я Р А С Н Х
А Л М И Л С С О М А Л И И Ш
Н А Ы Я И И Ъ Ч Ц Н Б Я Г Г
Р Н Ц М Ц К Н Ж Е Ц А И Е Р
Л Д В А Ф А В Е Щ И Н Х Р Е
Ф И Ф Й У Д Ы Б П Я И У И Ц
Л Я Ы К Д А Н И Я А Я Т Я И
У К Р А И Н А П Ш Б Л Ю Ф Я
```

АЛБАНИЯ	ЛИВАН
ДАНИЯ	МЕКСИКА
ФРАНЦИЯ	НЕПАЛ
ГРЕЦИЯ	НИГЕРИЯ
ГАИТИ	ПАКИСТАН
ИНДОНЕЗИЯ	РОССИЯ
ИРЛАНДИЯ	СИРИЯ
ЯМАЙКА	СОМАЛИ
ЯПОНИЯ	УКРАИНА
ЛАОС	УГАНДА

18 - Cozinha

```
Г Г В Ч А Ш А С Х А И О Х Л
Л Р В И Г Ж О П А А П Е Ч Ь
К Ц И Г Л П А Е Т А Ь Х Я У
Ч Б Ф Л Ц К Л Ц Р Е Ц Е П Т
В А Ж Щ Ь К И И Х Л И Р Г Д
Д Н Й Ц Н О Ж И Н Ь Ж Ы С Г
Л К Е Н Ъ В Л Р О Ы Л Ц Ф Е
О А О Д И Ш П В И Н Д А Ф Р
Ж Е Г У Б К А Ч Т Е Щ Ч Ц Г
К У В Ш И Н С А Л Ф Е Т К А
И Ф О Щ Ш Ы Г Ш Б В Ф П Ы И
М О Р О З И Л К А Н Ж Н К П
Ф А Р Т У К С И И Ы М Л Д Л
Х О Л О Д И Л Ь Н И К К Х Х
```

ФАРТУК	МОРОЗИЛКА
ЧАЙНИК	ВИЛКИ
ЛОЖКИ	ХОЛОДИЛЬНИК
КОВШ	ГРИЛЬ
ЧАШКИ	САЛФЕТКА
СПЕЦИИ	БАНКА
ГУБКА	КУВШИН
НОЖИ	РЕЦЕПТ
ПЕЧЬ	ЧАША

19 - Brinquedos

В	Л	И	Ш	Д	П	А	Г	Б	Е	Е	Ы	Я	Р
О	Р	Ю	Е	Ю	Б	Л	О	Д	К	А	Х	Л	У
В	О	О	Б	Р	А	Ж	Е	Н	И	Е	Ь	И	Ъ
В	Б	Ъ	Н	И	Г	Р	Ы	К	Р	А	С	К	И
Ь	О	Ш	А	Х	М	А	Т	Ы	Г	У	Ж	Ы	Ч
Е	Т	У	М	Я	Ч	Ы	К	У	К	Л	А	М	Ф
К	Ш	И	Ч	Я	Ж	Б	Й	И	Щ	М	И	Д	И
Ф	Н	А	В	Т	О	М	О	Б	И	Л	Ь	Н	С
Л	У	И	Б	А	Р	А	Б	А	Н	Ы	Щ	Р	А
Г	М	В	Г	Р	У	З	О	В	И	К	П	Н	М
И	Д	Д	Ь	И	Р	Е	М	Е	С	Л	А	К	О
У	В	Е	Л	О	С	И	П	Е	Д	Ж	Г	Л	Л
Ц	К	Ь	П	К	Г	Х	Ш	К	Я	Х	А	Б	Е
В	Ц	П	Д	Ъ	Ф	Е	И	В	Я	Щ	Б	О	Т

ГЛИНА
РЕМЕСЛА
САМОЛЕТ
ЛОДКА
БАРАБАНЫ
ВЕЛОСИПЕД
МЯЧ
КУКЛА
ГРУЗОВИК

АВТОМОБИЛЬ
ЛЮБИМЫЙ
ВООБРАЖЕНИЕ
ИГРЫ
КНИГИ
РОБОТ
КРАСКИ
ШАХМАТЫ

20 - Verão

М	С	С	Р	А	Д	О	С	Т	Ь	Ъ	В	Ъ	Ч
У	А	А	Е	Т	К	Е	М	П	И	Н	Г	П	М
З	Н	Д	Л	М	Ж	Ы	Ю	О	Ф	Ч	Я	П	Х
Ы	Д	Х	А	Д	Ь	Е	Е	Ф	Б	Г	Ш	И	К
К	А	Х	К	П	Л	Я	Ж	В	Ь	Р	Н	Н	Н
А	Л	П	С	А	Ж	М	Ф	Ф	Б	Щ	Ш	В	И
Ж	И	У	А	Р	Щ	О	О	М	И	Ы	Ц	Е	Г
Н	И	Н	Ц	Г	Д	Д	Д	Р	У	З	Ь	Я	И
Ы	Ы	Л	И	К	О	Ь	С	Г	Е	И	Г	Р	Ы
К	У	Р	Я	Ь	С	О	П	В	Ф	М	Я	О	Ц
Т	Ж	С	Я	М	У	О	Т	Т	Р	И	Е	К	Е
Ы	А	Ъ	Х	Н	Г	П	Ч	Д	Б	А	Б	М	А
М	Щ	Ы	Г	Л	И	О	И	О	Д	М	М	Ъ	Ю
З	В	Е	З	Д	Ы	Е	И	М	Л	В	М	Е	Н

КЕМПИНГ
РАДОСТЬ
ДРУЗЬЯ
ДОМ
ЗВЕЗДЫ
СЕМЬЯ
САД
ИГРЫ

ДОСУГ
КНИГИ
МОРЕ
НЫРЯНИЕ
МУЗЫКА
ПЛЯЖ
РЕЛАКСАЦИЯ
САНДАЛИИ

21 - Material de Arte

К	К	Г	Ш	Ю	У	Ы	У	Т	Б	А	К	Ъ	Т
Р	Щ	Л	Ю	С	С	Г	Ф	Б	Ц	К	А	Л	Ы
Е	Е	И	Е	Х	Т	Ж	О	Щ	У	В	М	А	Ф
А	Т	Н	С	Й	У	Ч	Р	Л	У	А	Е	С	Ю
Т	К	А	В	Щ	Л	Ь	Х	С	Ь	Р	Р	Т	М
И	И	К	П	Б	У	М	А	Г	А	Е	А	И	О
В	О	Д	А	Ц	Ы	Ш	Р	В	Н	Л	П	К	Л
Н	Ф	Б	С	Р	Ъ	Ч	Е	Р	Н	И	Л	А	Ь
О	В	Б	Т	М	А	С	Л	О	Ы	У	Д	И	Б
С	Ц	В	Е	Т	А	Н	К	Р	А	С	К	И	Е
Т	С	И	Л	Н	К	О	Д	Щ	М	Т	Г	Д	Р
Ь	Ъ	Ь	И	Л	Ш	Я	Ь	А	И	О	Ь	Ф	Т
А	К	Р	И	Л	О	В	Ы	Й	Ш	Л	К	В	Т
Я	Ч	М	П	Щ	С	У	Ь	Б	С	И	Х	У	Г

АКРИЛОВЫЙ
ЛАСТИК
АКВАРЕЛИ
ГЛИНА
ВОДА
СТУЛ
УГОЛЬ
МОЛЬБЕРТ
КАМЕРА
КЛЕЙ

ЦВЕТА
КРЕАТИВНОСТЬ
ЩЕТКИ
КАРАНДАШИ
СТОЛ
МАСЛО
БУМАГА
ПАСТЕЛИ
ЧЕРНИЛА
КРАСКИ

22 - Números

П	Е	К	П	Д	В	А	Д	Ц	А	Т	Ь	Н	С
Я	Ъ	Е	Ц	В	Н	У	Л	Ь	О	Е	Р	Б	И
Т	Ъ	Р	Ф	Е	В	О	С	Е	М	Ь	Ч	И	Ш
Н	О	Ю	В	Н	Ч	Я	У	Е	Ю	Ф	Е	Ц	Е
А	В	Т	У	А	Ч	Х	Н	Ш	М	Ц	Т	В	С
Д	Д	В	А	Д	Д	Е	В	Я	Т	Ь	Ы	Л	Т
Ц	Ъ	Е	Ы	Ц	Ш	Ы	Ш	Г	Г	Ы	Р	Ч	Ь
А	У	Л	А	А	Б	Щ	В	В	П	И	Н	Ю	Т
Т	Д	Л	Г	Т	Р	И	Н	А	Д	Ц	А	Т	Ь
Ь	Ж	Е	Ц	Ь	Ч	Е	Т	Ы	Р	Е	Д	Ь	О
Ь	О	Ж	С	Е	М	Е	У	Ж	Ц	Ж	Ц	В	Ь
Я	Д	Е	С	Я	Т	И	Ч	Н	Ы	Й	А	Ь	Ы
О	И	Ш	Е	С	Т	Н	А	Д	Ц	А	Т	Ь	С
Ъ	Н	П	Я	Т	Ь	Ь	Ф	Р	Б	Я	Ь	Ю	Я

ПЯТЬ
ДЕСЯТИЧНЫЙ
ДЕСЯТЬ
ШЕСТНАДЦАТЬ
ДВА
ДВЕНАДЦАТЬ
ДЕВЯТЬ
ВОСЕМЬ
ЧЕТЫРНАДЦАТЬ

ЧЕТЫРЕ
ПЯТНАДЦАТЬ
ШЕСТЬ
СЕМЬ
ТРИНАДЦАТЬ
ТРИ
ОДИН
ДВАДЦАТЬ
НУЛЬ

23 - Especiarias

```
П  Ы  Х  О  Б  Т  Е  Щ  А  Н  И  С  К  С
Ж  Е  И  О  В  М  М  Ч  А  Е  Щ  Л  А  Л
Г  О  Р  Ь  К  И  Й  Р  Д  П  М  Ч  Р  А
Р  Ъ  Т  Е  К  Н  В  О  П  Р  В  Е  Д  Д
Ш  Д  Д  Ф  Ц  Ш  А  Ф  Р  А  Н  С  А  К
В  А  Н  И  Л  Ь  Е  Ф  Е  Х  Б  Н  М  И
К  В  И  М  У  Я  Т  Ю  Т  Н  О  О  О  Й
У  А  К  Б  К  И  С  Л  Ы  Й  Х  К  Н  Ч
С  Ю  Р  И  О  Б  К  И  Щ  Н  Б  Е  У  Д
О  Ы  В  Р  Р  С  О  Л  О  Д  К  А  Л  Ю
Л  Ъ  Ж  Ь  И  Г  В  О  З  Д  И  К  А  Ь
Ь  Ц  О  Х  Ц  К  О  Р  И  А  Н  Д  Р  Ц
В  М  Д  Г  А  Н  Л  Р  Ф  Ы  С  Н  Ы  Ф
Ч  Д  Х  К  У  Ь  О  У  Х  М  Т  Е  Н  Т
```

ШАФРАН
СОЛОДКА
ЧЕСНОК
ГОРЬКИЙ
АНИС
КИСЛЫЙ
ВАНИЛЬ
КОРИЦА
КАРДАМОН
КАРРИ

ЛУК
КОРИАНДР
ТМИН
ГВОЗДИКА
СЛАДКИЙ
ФЕНХЕЛЬ
ИМБИРЬ
ПЕРЕЦ
ВКУС
СОЛЬ

24 - Aniversário

```
О  С  Б  П  Д  В  Т  Г  А  М  Д  Я  Г  П
С  В  Ю  О  Ф  Б  Ы  Р  В  Р  Е  М  Я  Р
О  Е  О  Д  Е  Н  Ь  Б  К  Е  Ж  Ы  М  А
Б  Ч  К  А  Р  Т  Ы  О  Ш  Г  Ы  У  О  З
Ы  И  Ц  Р  О  Ж  Д  Е  Н  Н  Ы  Й  Л  Д
Й  Л  Т  О  Р  Т  М  И  Д  Щ  Ж  Р  О  Н
Ч  К  Ъ  К  У  А  И  У  А  Ч  Х  Ю  Д  О
Д  Р  У  З  Ь  Я  Д  П  Д  К  Ж  Г  О  В
В  О  Ю  А  П  О  Я  О  Е  Р  Ъ  О  Й  А
Ы  Ж  Б  М  К  Н  А  Ш  С  С  О  Д  Ю  Н
К  А  Л  Е  Н  Д  А  Р  Ь  Т  Н  С  Ь  И
С  Ч  А  С  Т  Л  И  В  Ы  Й  Н  Я  Т  Е
П  Р  И  Г  Л  А  Ш  Е  Н  И  Я  Ы  Ы  Ь
Я  А  Т  С  У  С  Р  А  Н  Ж  Ь  Д  Й  В
```

РАДОСТНЫЙ	ДЕНЬ
ДРУЗЬЯ	ПОДАРОК
ГОД	ОСОБЫЙ
ТОРТ	СЧАСТЛИВЫЙ
КАЛЕНДАРЬ	МОЛОДОЙ
ПЕСНЯ	РОЖДЕННЫЙ
КАРТЫ	МУДРОСТЬ
ПРАЗДНОВАНИЕ	ВРЕМЯ
ПРИГЛАШЕНИЯ	СВЕЧИ

25 - Casa

```
З Р М Н И С З Ь Ъ Х К К Л В
С А Е М Щ О Е Е Ж Ч И А Л Б
К Т Б Ж Я К Р К О М Н А Т А
Л Д Е О К Н К А Т Е Р Ю Б Ы
Ю В Л Н Р О А М Ю Т Ч Д И Ф
Ч Е Ь О А Ж Л И Н Л Ф Г Б О
И Р С К Н Д О Н Ж А Н Д Л Е
К Ь А Ф Я Е К Ш Т О Р Ы И Х
М У Д Ш С Г А Р А Ж Ч О Н
М Н Х К О В Р И К Ж О Г Т Я
Ю П Ы Н Е Ч К Г Ч Ч Т Я Е Ц
Р Ц П Ш Я П О Т О Л О К К Щ
Ы У О Е А Ы Ф Ц Ч Е Р Д А К
Ы Т Ы Ч Ц И Ы Ъ Л И Б Н Л Л
```

БИБЛИОТЕКА	КАМИН
ЗАБОР	МЕБЕЛЬ
КЛЮЧИ	СТЕНА
ДУШ	ДВЕРЬ
ШТОРЫ	КОМНАТА
КУХНЯ	ЧЕРДАК
ЗЕРКАЛО	КОВРИК
ГАРАЖ	ПОТОЛОК
ОКНО	КРАН
САД	МЕТЛА

26 - Vegetais

П	С	Е	Л	Ь	Д	Е	Р	Е	Й	Ы	Е	Т	Ж
Е	Ь	Ы	Ъ	Е	Ф	Б	Ы	М	И	Р	Щ	Ш	Б
Т	Ы	К	В	А	И	М	Б	И	Р	Ь	Ь	П	Р
Р	Ч	М	Г	П	О	М	И	Д	О	Р	Ю	И	О
У	Е	О	О	Р	Б	А	К	Л	А	Ж	А	Н	К
Ш	С	Р	Р	Е	И	Ж	А	Ц	У	Ч	Р	А	К
К	Н	К	О	П	Д	Б	Р	У	М	К	Т	Т	О
А	О	О	Х	А	Т	С	Т	Ц	Я	Ь	И	Ю	Л
Ф	К	В	У	О	С	А	О	Р	Ь	В	Ш	И	И
П	Б	Ь	Ъ	Щ	Б	Л	Ф	Г	Е	Р	О	П	Ж
О	Г	У	Р	Е	Ц	А	Е	Щ	М	Д	К	О	Щ
Ч	Щ	Ц	Ф	Д	С	Т	Л	Ш	Ч	Ш	И	Д	О
Т	И	Я	Ь	Т	М	С	Ь	Л	У	Т	Р	С	Р
Щ	Ф	Щ	Ш	А	Л	О	Т	П	А	К	Р	Л	Ь

ТЫКВА
СЕЛЬДЕРЕЙ
АРТИШОК
ЧЕСНОК
КАРТОФЕЛЬ
БАКЛАЖАН
БРОККОЛИ
ЛУК
МОРКОВЬ
ШАЛОТ

ГРИБ
ГОРОХ
ШПИНАТ
ИМБИРЬ
РЕПА
ОГУРЕЦ
РЕДИС
САЛАТ
ПЕТРУШКА
ПОМИДОР

27 - Balé

В	И	Н	Т	Е	Н	С	И	В	Н	О	С	Т	Ь
М	Ы	Д	Ж	Е	С	Т	Ч	Ю	С	У	Ъ	Б	Г
Г	П	Р	А	К	Т	И	К	А	Т	М	Ж	А	Ь
В	Ж	Т	А	К	Б	Ж	К	Л	И	Ж	Ф	Ы	Р
А	М	Ю	А	З	М	Ж	Т	Ы	Л	М	Ъ	Р	Е
Е	У	Д	Щ	Н	И	Е	Ы	Ъ	Ь	Ж	Д	В	П
О	З	Д	Н	А	Ц	Т	С	О	Л	О	Я	О	Е
Р	Ы	Д	И	Я	Х	О	Е	М	Ы	Ш	Ц	Ы	Т
К	К	Д	Л	Т	Р	Ж	Р	Л	М	Р	Е	В	И
Е	А	Р	И	Щ	О	Ц	Щ	Ы	Ь	Ф	Д	Т	Ц
С	Г	Б	А	Л	Е	Р	И	Н	А	Н	Ж	У	И
Т	Н	А	В	Ы	К	А	И	О	Б	Ь	Ы	К	Я
Р	И	Т	М	Ф	Ж	В	Щ	Я	С	У	К	Й	Ч
А	П	Л	О	Д	И	С	М	Е	Н	Т	Ы	О	Е

АПЛОДИСМЕНТЫ   ИНТЕНСИВНОСТЬ
БАЛЕРИНА   МЫШЦЫ
ТАНЦОРЫ   МУЗЫКА
РЕПЕТИЦИЯ   ОРКЕСТР
СТИЛЬ   ПРАКТИКА
ВЫРАЗИТЕЛЬНЫЙ   АУДИТОРИЯ
ЖЕСТ   РИТМ
НАВЫК   СОЛО

28 - Adjetivos #1

```
Б  Щ  В  Е  Ы  И  К  Г  Е  С  Д  А  Е  Э
Ц  О  Е  А  М  Ъ  Я  Ю  С  Е  Р  Р  Ъ  К
Е  Г  Л  Д  Ж  У  Т  Ы  М  Р  П  О  Г  З
Н  Р  Р  Ь  Р  Н  Х  Д  У  Ь  Т  М  О  О
Н  О  Я  Е  Ш  Ы  Ы  Ю  М  Е  Я  А  Ю  Т
Ы  М  Щ  Ь  В  О  Й  Й  Е  З  Ж  Т  Л  И
Й  Н  Ц  Ь  Л  Б  Й  Ш  Д  Н  Е  И  Н  Ч
Ч  Ы  О  Ц  Т  Ч  Ы  Ы  Л  Ы  Л  Ч  Т  Е
Е  Й  Я  Р  К  И  Й  Б  Е  Й  Ы  Е  О  С
С  О  В  Р  Е  М  Е  Н  Н  Ы  Й  С  Н  К
Т  А  Б  С  О  Л  Ю  Т  Н  Ы  Й  К  К  И
Н  Т  Е  М  Н  Ы  Й  Т  Ы  Д  С  И  И  Й
Ы  Н  Щ  Ы  А  Ь  А  Ж  Й  И  Ц  Й  Й  Н
Й  С  О  В  Е  Р  Ш  Е  Н  Н  Ы  Й  Ъ  Щ
```

АБСОЛЮТНЫЙ	ЧЕСТНЫЙ
АРОМАТИЧЕСКИЙ	ВАЖНЫЙ
ЯРКИЙ	МЕДЛЕННЫЙ
ОГРОМНЫЙ	СОВРЕМЕННЫЙ
ТЕМНЫЙ	СОВЕРШЕННЫЙ
ЭКЗОТИЧЕСКИЙ	ТЯЖЕЛЫЙ
ТОНКИЙ	СЕРЬЕЗНЫЙ
ЩЕДРЫЙ	ЦЕННЫЙ
БОЛЬШОЙ	

29 - Insetos

```
П  Ы  Ъ  У  П  Е  Т  Л  Я  Л  Ж  Ы  Я  О
В  Ч  Е  Р  В  Ь  Е  П  И  О  Ц  У  И  Ф
Ю  Ф  Е  Ю  К  У  З  Н  Е  Ч  И  К  Е  Ш
Ф  И  Б  Л  И  Ч  И  Н  К  А  К  О  С  А
Б  Ъ  Б  И  А  Ш  Л  И  П  М  А  Б  С  И
Б  А  Б  О  Ч  К  А  М  Х  У  Д  Л  Ш  Г
Т  Е  Р  М  И  Т  Ж  Т  А  Р  А  К  А  Н
Ъ  Б  П  С  Т  В  Л  У  Ж  А  К  Е  Ф  Б
Ы  Щ  О  Ц  Р  С  Ю  Ъ  К  В  О  И  Р  Ж
Щ  В  Р  Г  А  Ы  Ъ  Ж  Ъ  Е  М  К  Я  Е
Х  Т  И  Е  О  К  Ц  К  Щ  Й  А  Г  Ь  Ц
Ц  Я  Р  Г  Ж  М  Я  Д  Р  М  Р  К  Ы  Ч
Р  Б  Л  О  Х  А  О  К  Ч  Х  А  В  М  Ф
У  Х  Ц  Ф  Ж  Л  А  Л  Щ  К  В  А  Е  Б
```

ПЧЕЛА   ЛИЧИНКА
ТАРАКАН   БОГОМОЛ
ЖУК   ЧЕРВЬ
БАБОЧКА   КОМАР
ЦИКАДА   БЛОХА
ТЕРМИТ   ТЛЯ
МУРАВЕЙ   ОСА
КУЗНЕЧИК

30 - Paisagens

```
О  П  О  Л  У  О  С  Т  Р  О  В  О  Ф  Д
С  С  Е  В  О  Д  О  П  А  Д  З  К  Ы  Б
Г  Д  Т  Щ  Ч  Ь  У  Д  О  Ц  А  Е  П  О
О  П  Ж  Р  Е  П  Ш  О  Ч  Г  Л  А  О  Л
Р  Г  Л  М  О  Р  Е  З  Л  Ъ  И  Н  А  О
А  П  Д  Я  С  В  А  Е  П  Р  В  А  З  Т
Б  Е  Ь  У  Ж  Л  Я  Р  А  Ж  У  А  И  О
Р  Е  К  А  П  Е  Ю  О  В  Ю  Л  Й  С  Ж
В  И  Н  Р  Щ  Д  Ы  С  Ш  Р  К  С  К  Я
П  У  С  Т  Ы  Н  Я  К  Т  Ы  А  Б  Ф  Р
Ъ  Ж  Х  У  Ч  И  Я  Р  Н  Л  Н  Е  Р  С
Л  Я  О  Ы  П  К  Г  Е  Ъ  Б  Ж  Р  Ш  Х
Д  О  Л  И  Н  А  Ч  Е  В  Я  Ф  Г  Щ  К
Щ  Ч  М  Т  У  Н  Д  Р  А  Ы  А  Б  О  И
```

ВОДОПАД	ГОРА
ПЕЩЕРА	ОАЗИС
ХОЛМ	ОКЕАН
ПУСТЫНЯ	БОЛОТО
ЛЕДНИК	ПОЛУОСТРОВ
ЗАЛИВ	ПЛЯЖ
АЙСБЕРГ	РЕКА
ОСТРОВ	ТУНДРА
ОЗЕРО	ДОЛИНА
МОРЕ	ВУЛКАН

31 - Dança

П	У	Т	П	Л	Я	В	Ы	Ы	У	В	Р	Г	Р
Т	Р	Е	Ц	Д	С	Щ	Р	С	Л	Ы	А	Р	Е
Р	Я	Л	Б	П	А	Р	Т	Н	Е	Р	Д	А	П
В	И	О	К	У	Л	Ь	Т	У	Р	А	О	Ц	Е
М	Г	Т	Б	Ф	Ы	Б	Е	Ж	Ы	З	С	И	Т
Ы	А	Ы	М	Ъ	Б	Ъ	С	О	Ч	И	Т	Я	И
А	К	А	Д	Е	М	И	Я	А	В	Т	Н	Щ	Ц
Ц	К	О	Д	В	И	Ж	Е	Н	И	Е	Ы	Х	И
Э	М	О	Ц	И	Я	П	Ж	Н	Ж	Л	Й	Я	Я
Д	В	Р	Ф	Ч	Д	О	О	У	К	Ь	Г	Д	Ц
Ж	Л	Р	Д	Ъ	Д	Б	Щ	З	О	Н	Д	С	Ц
Щ	У	М	У	З	Ы	К	А	Ж	А	Ы	Т	М	Е
К	У	Л	Ь	Т	У	Р	Н	Ы	Й	Й	Ж	П	Н
У	Х	О	Р	Е	О	Г	Р	А	Ф	И	Я	Ц	Ю

АКАДЕМИЯ
РАДОСТНЫЙ
ХОРЕОГРАФИЯ
ТЕЛО
КУЛЬТУРА
КУЛЬТУРНЫЙ
ЭМОЦИЯ
РЕПЕТИЦИЯ

ВЫРАЗИТЕЛЬНЫЙ
ГРАЦИЯ
ДВИЖЕНИЕ
МУЗЫКА
ПАРТНЕР
ПОЗА
РИТМ

32 - Nutrição

С	Д	И	Е	Т	А	О	У	Н	Т	К	Н	П	У
Ы	И	Ь	Ю	А	О	Х	Р	У	Д	А	С	И	Я
П	М	У	Ш	Б	Л	К	Л	Т	М	Ч	С	Щ	Ь
В	Б	Г	Я	Т	Ю	Т	С	Р	О	Е	Ъ	Е	Ж
К	А	Л	О	Р	И	И	Ц	И	Ъ	С	Е	В	Я
У	З	Д	О	Р	О	В	Ь	Е	Н	Т	Д	А	С
С	У	Г	У	У	Ь	Я	Л	Н	В	В	О	Р	О
Т	А	Ы	И	Ъ	У	К	П	Т	Щ	О	Б	Е	У
А	П	П	Е	Т	И	Т	И	Р	Р	Л	Н	Н	С
Ж	И	Д	К	О	С	Т	И	Й	Б	П	Ы	И	В
И	Н	Г	Р	Е	Д	И	Е	Н	Т	Ы	Й	Е	Е
Б	Е	Л	К	И	В	И	Т	А	М	И	Н	Л	С
Я	З	Д	О	Р	О	В	Ы	Й	М	Ю	Ц	В	А
Р	У	Г	Л	Е	В	О	Д	Ы	Я	Б	Ш	Н	Р

ГОРЬКИЙ
АППЕТИТ
КАЛОРИИ
УГЛЕВОДЫ
СЪЕДОБНЫЙ
ДИЕТА
ПИЩЕВАРЕНИЕ
ИНГРЕДИЕНТЫ
ЖИДКОСТИ
СОУС

НУТРИЕНТ
ВЕС
БЕЛКИ
КАЧЕСТВО
ВКУС
ЗДОРОВЫЙ
ЗДОРОВЬЕ
ТОКСИН
ВИТАМИН

33 - Disciplinas Científicas

А	Н	П	С	И	Х	О	Л	О	Г	И	Я	Ж	Б
У	Е	Ж	О	Б	И	О	Л	О	Г	И	Я	Г	Ы
Н	В	Е	Ц	Э	К	О	Л	О	Г	И	Я	Е	Ъ
А	Р	Б	И	О	Х	И	М	И	Я	А	Ч	О	У
С	О	Д	О	С	Е	Т	Ъ	В	Ь	Н	А	Л	Ь
Т	Л	Б	Л	Ч	А	М	О	Ч	Т	А	Н	О	П
Р	О	А	О	Ю	Ж	Ъ	Б	Ы	С	Т	А	Г	У
О	Г	Ч	Г	А	Р	Х	Е	О	Л	О	Г	И	Я
Н	И	Р	И	Ф	Г	Ш	И	Ю	Щ	М	Е	Я	Ы
О	Я	С	Я	М	Д	Ц	П	М	К	И	Е	Ь	Б
М	И	Н	Е	Р	А	Л	О	Г	И	Я	С	С	Г
И	М	М	У	Н	О	Л	О	Г	И	Я	Щ	Г	Д
Я	Б	О	Т	А	Н	И	К	А	В	А	Щ	Щ	Е
Т	Е	Р	М	О	Д	И	Н	А	М	И	К	А	Б

АНАТОМИЯ
АРХЕОЛОГИЯ
АСТРОНОМИЯ
БИОЛОГИЯ
БИОХИМИЯ
БОТАНИКА
ЭКОЛОГИЯ
ГЕОЛОГИЯ

ИММУНОЛОГИЯ
МИНЕРАЛОГИЯ
НЕВРОЛОГИЯ
ПСИХОЛОГИЯ
ХИМИЯ
СОЦИОЛОГИЯ
ТЕРМОДИНАМИКА

34 - Meditação

Э	Г	С	Г	Ф	С	Ы	Ж	Б	Д	Д	С	Б	П
В	М	У	Ц	С	А	П	Д	О	О	У	О	Л	Е
Я	Н	О	С	Е	Ш	Р	В	Д	Б	М	С	А	Р
С	Д	И	Ц	Т	П	И	И	Р	Р	С	Т	Г	С
Н	Т	Е	М	И	Р	Н	Ж	С	О	Т	Р	О	П
О	А	Л	Ы	А	И	Я	Е	Т	Т	В	А	Д	Е
С	Ц	Б	С	Е	Н	Т	Н	В	А	Е	Д	А	К
Т	И	А	Л	Р	Ъ	И	И	У	М	Н	А	Р	Т
Ь	Р	С	И	Ю	О	Е	Е	Ю	У	Н	Н	Н	И
П	Р	И	Р	О	Д	А	П	Щ	З	Ы	И	О	В
Т	И	Ш	И	Н	А	Е	Д	И	Ы	Й	Е	С	А
Р	П	М	Ю	Ю	Ю	Ч	Н	Й	К	В	Б	Т	П
П	О	З	А	И	Ь	Л	Е	И	А	М	П	Ь	Ч
Ф	И	В	Ф	Л	К	Ч	У	Ч	Е	Н	И	Я	Н

ПРИНЯТИЕ
БОДРСТВУЮЩИЙ
ВНИМАНИЕ
ДОБРОТА
ЯСНОСТЬ
СОСТРАДАНИЕ
ЭМОЦИИ
УЧЕНИЯ
БЛАГОДАРНОСТЬ
УМСТВЕННЫЙ

УМ
ДВИЖЕНИЕ
МУЗЫКА
ПРИРОДА
НАБЛЮДЕНИЕ
МИР
МЫСЛИ
ПЕРСПЕКТИВА
ПОЗА
ТИШИНА

35 - Gatos

З	А	С	Т	Е	Н	Ч	И	В	Ы	Й	Х	Ч	Н
Щ	П	Ц	В	Л	А	П	А	С	Г	В	А	К	Е
И	Г	Р	И	В	Ы	Й	К	Ю	А	Ы	Т	Н	З
Л	Ю	Б	О	П	Ы	Т	Н	Ы	Й	Ю	Ъ	Е	А
Ч	Д	Щ	Ж	И	К	О	Г	О	Т	Ь	Ч	П	В
Ж	Е	И	Ч	Е	Е	П	Г	У	Н	Р	П	Р	И
А	Ч	Л	К	Л	И	Ч	Н	О	С	Т	Ь	Я	С
О	Г	Я	У	И	Н	Х	В	О	С	Т	Ъ	Ж	И
Ч	Ш	О	А	Е	Й	Ц	Ь	Ф	М	П	Щ	А	М
С	У	М	А	С	Ш	Е	Д	Ш	И	Й	А	Ж	Ы
Я	А	М	С	М	Е	Ш	Н	О	Й	А	У	Т	Й
Б	И	Е	Ы	П	О	Х	О	Т	Н	И	К	Ы	Ь
Т	Ф	Х	Ц	Ш	Ш	Щ	Ь	Ы	М	У	Ш	Ц	Ж
Н	Ы	Г	Д	Т	Ь	Ж	М	Ъ	Г	Ь	Ы	П	О

ИГРИВЫЙ

НЕЗАВИСИМЫЙ

ОХОТНИК

СУМАСШЕДШИЙ

ХВОСТ

МЫШЬ

ЛЮБОПЫТНЫЙ

ЛАПА

СПАТЬ

МЕХ

СМЕШНОЙ

ЛИЧНОСТЬ

ПРЯЖА

ДИКИЙ

КОГОТЬ

ЗАСТЕНЧИВЫЙ

36 - Artes Visuais

```
С А Р Х И Т Е К Т У Р А Г М
О Л А К Щ Ч Ъ П В Г У Г Л О
С П О Р Т Р Е Т У О Ч М И Л
Т В Ф Л А У У А Д Л К Ш Н Ь
А Ч О Ы У О Б Л К Ь А Р А Б
В Ч У С К У Л Ь П Т У Р А Е
К Г Е М К Х У Д О Ж Н И К Р
Е К Р Е А Т И В Н О С Т Ь Т
Р Ц Ц Т Р А Ф А Р Е Т Ф Г К
А Щ К Д А И О Е Р Е Т И Т К
М Е Л Я Н Л Ф П Ш Г Щ Л Ю Ж
И Х Я Х Д Ц Г Р Щ Ъ Ш Ь Д С
К Ы Д П А Ш Е Д Е В Р М Ж Ь
А Ъ О Ы Ш Ц Н Ь А Е Ъ И У Ю
```

ГЛИНА	КРЕАТИВНОСТЬ
АРХИТЕКТУРА	СКУЛЬПТУРА
ХУДОЖНИК	ТРАФАРЕТ
РУЧКА	ФИЛЬМ
УГОЛЬ	МЕЛ
МОЛЬБЕРТ	КАРАНДАШ
ВОСК	ШЕДЕВР
КЕРАМИКА	ПОРТРЕТ
СОСТАВ	ЛАК

37 - Instrumentos Musicais

```
М Ж Х Ь Ы А В М Г О Б О Й Д
А Е У Ч И Н Ж Б А Н У Г Р П
Б А Н Д Ж О Г А Р Р П С М Ь
Щ У Б К Б Л И Р М А И Я Т Д
М М Б Е Б Ц Т А О В А М И У
С Ф Л Е Й Т А Б Н М Н Ь Б У
К К Т К Н Р Р А И А И П Г А
М Л Р А Р Ф А Н К Н Н Ы Ь Г
Ю А У И Ъ П Я Ч А Д О Ъ Б О
Ф Р Б Ц П С А К С О Ф О Н Н
С Н А Ч Р К А И Щ Л У Р Е Г
Л Е Л В Я Д А Х Н И Ц Д Ф И
Н Т Ф А Г О Т Ф О Н Р К Ь Л
Т Р О М Б О Н Ы О А Г Е Д У
```

МАНДОЛИНА	ГОБОЙ
БАНДЖО	БУБЕН
КЛАРНЕТ	ПИАНИНО
ФАГОТ	САКСОФОН
ФЛЕЙТА	БАРАБАН
ГАРМОНИКА	ТРОМБОН
ГОНГ	ТРУБА
АРФА	ГИТАРА
МАРИМБА	СКРИПКА

38 - Escola #1

С	Ю	О	К	Н	И	Г	И	Н	М	Д	М	Б	А
Л	Б	У	М	А	Г	А	В	Д	Щ	Р	А	И	Е
Н	Ы	В	Х	Г	Р	У	Ч	К	И	У	Т	Б	И
Ь	Ф	Л	С	Х	О	А	Я	Д	В	З	Е	Л	У
Ч	И	С	Л	А	Т	Л	Н	С	И	Ь	М	И	Я
Х	Ш	Т	Т	У	В	Ф	Д	В	Я	А	О	М
Ю	Р	О	Ч	Ч	Е	А	Ч	Х	А	Л	Т	Т	А
Ю	М	Л	Г	И	Т	В	О	М	Л	Ш	И	Е	Р
Ш	Р	Ц	П	Т	Ы	И	К	М	Ф	Щ	К	К	К
У	Р	О	Б	Е	Д	Т	Ф	О	Ц	Ы	А	А	Е
Н	У	Ц	О	Л	Э	К	З	А	М	Е	Н	Ы	Р
С	Т	У	Л	Ь	П	А	П	К	И	О	Щ	Н	Ы
В	И	К	Т	О	Р	И	Н	А	Ю	Х	О	Ц	Ц
И	Ш	Н	Щ	С	Ж	Б	А	Е	У	Ч	Ш	И	М

АЛФАВИТ
ОБЕД
ДРУЗЬЯ
БИБЛИОТЕКА
СТУЛ
РУЧКИ
ЭКЗАМЕНЫ
КАРАНДАШ
КНИГИ

МАРКЕРЫ
МАТЕМАТИКА
СТОЛ
ЧИСЛА
БУМАГА
ПАПКИ
УЧИТЕЛЬ
ВИКТОРИНА
ОТВЕТЫ

39 - Adjetivos #2

```
П  Е  С  Т  Е  С  Т  В  Е  Н  Н  Ы  Й  И
О  Р  О  П  И  С  А  Т  Е  Л  Ь  Н  Ы  Й
Т  Э  О  Т  В  О  Р  Ч  Е  С  К  И  Й  Ъ
В  Л  С  Д  Н  О  Р  М  А  Л  Ь  Н  Ы  Й
Е  Е  О  С  У  Х  О  Й  Д  Х  Р  Т  З  О
Т  Г  Л  Л  Р  К  Д  И  К  И  Й  Е  Д  Д
С  А  Е  Т  Б  Ъ  Т  Ч  К  Х  Г  Р  О  А
Т  Н  Н  О  В  Ы  Й  И  А  Щ  О  Е  Р  Р
В  Т  Ы  И  Ш  Т  Ц  Ш  В  П  Р  С  О  Е
Е  Н  Й  Ч  И  С  Т  Ы  Й  Н  Д  Н  В  Н
Н  Ы  Ы  С  И  Л  Ь  Н  Ы  Й  Ы  Ы  Ы  Н
Н  Й  Ъ  А  Г  О  Р  Я  Ч  И  Й  Й  Й  Ы
Ы  А  У  Т  Е  Н  Т  И  Ч  Н  Ы  Й  Т  Й
Й  В  И  З  В  Е  С  Т  Н  Ы  Й  Ц  Я  Щ
```

АУТЕНТИЧНЫЙ	НОВЫЙ
ТВОРЧЕСКИЙ	ГОРДЫЙ
ОПИСАТЕЛЬНЫЙ	ПРОДУКТИВНЫЙ
ОДАРЕННЫЙ	ЧИСТЫЙ
ЭЛЕГАНТНЫЙ	ГОРЯЧИЙ
ИЗВЕСТНЫЙ	ОТВЕТСТВЕННЫЙ
СИЛЬНЫЙ	СОЛЕНЫЙ
ИНТЕРЕСНЫЙ	ЗДОРОВЫЙ
ЕСТЕСТВЕННЫЙ	СУХОЙ
НОРМАЛЬНЫЙ	ДИКИЙ

40 - Roupas

```
Б  И  Я  Ъ  П  Т  Г  Ф  П  Б  Е  У  Щ  Р
С  А  Н  Д  А  Л  И  И  О  Б  У  В  Ь  Ц
О  Ш  Л  Я  П  А  С  Щ  Я  О  Ъ  У  Ц  А
П  Ъ  Я  Р  К  П  Ы  В  С  Ц  Ю  Н  Х  У
Л  Ш  Б  Л  У  З  А  Ж  И  Ч  Б  О  П  Е
А  Ф  Т  Б  Р  А  С  Л  Е  Т  У  Ж  И  П
Т  Ф  Д  Е  Т  Я  Л  М  Ь  Г  Е  Е  Ж  Е
Ь  Ж  П  К  К  Ж  Г  Щ  Б  Т  М  Р  А  Р
Е  Р  У  Б  А  Ш  К  А  Р  Я  О  Е  М  Ч
Ь  Б  Р  Б  М  Р  М  Ж  Ю  Ь  Д  Л  А  А
Н  Ф  А  Р  Т  У  К  Я  К  Б  А  Ь  Ч  Т
Н  О  С  К  И  К  Щ  Е  И  Ч  К  Е  Р  К
И  Ф  Р  Т  У  Р  П  Ф  Ш  Я  Ж  А  Ь  И
Д  Ж  И  Н  С  Ы  Ы  И  С  Ж  Ы  Ы  Н  Т
```

ФАРТУК	ПЕРЧАТКИ
БЛУЗА	НОСКИ
БРЮКИ	МОДА
РУБАШКА	ПИЖАМА
ПАЛЬТО	БРАСЛЕТ
ШЛЯПА	ЮБКА
ПОЯС	САНДАЛИИ
ОЖЕРЕЛЬЕ	ОБУВЬ
КУРТКА	СВИТЕР
ДЖИНСЫ	ПЛАТЬЕ

41 - Herbalismo

В	К	У	С	Х	Г	П	Ч	Ц	Л	А	О	С	Р
А	А	Щ	Е	Е	В	Е	Я	Е	В	Ч	А	Ю	Ч
Р	Ч	Ъ	С	Р	Ч	Т	Г	И	С	Е	Ь	Л	В
О	Е	Г	Ш	А	Ф	Р	А	Н	Л	Н	Т	В	Г
М	С	М	К	С	Д	У	И	Д	Ь	Х	О	О	Д
А	Т	В	О	Т	Щ	Ш	Р	С	Ю	П	К	К	К
Т	В	Т	Р	Е	Б	К	С	Р	Ш	Т	Т	Ш	Р
И	О	М	И	Н	Ч	А	Б	А	З	И	Л	И	К
Ч	О	А	А	И	Б	Ф	У	Х	Ъ	М	А	Ы	Ж
Е	В	Й	Н	Е	М	Ы	Ж	Л	Р	Ь	В	Д	Ф
С	Ю	О	Д	Е	Ь	Ц	П	Ы	Е	Я	А	Г	Т
К	К	Р	Р	О	З	М	А	Р	И	Н	Н	Ц	Ф
И	Т	А	Э	С	Т	Р	А	Г	О	Н	Д	Х	Д
Й	Щ	Н	Ф	Е	Н	Х	Е	Л	Ь	Ю	А	А	Л

ШАФРАН
РОЗМАРИН
ЧЕСНОК
АРОМАТИЧЕСКИЙ
КОРИАНДР
ЭСТРАГОН
ЦВЕТОК
ФЕНХЕЛЬ
САД

ЛАВАНДА
БАЗИЛИК
МАЙОРАН
РАСТЕНИЕ
КАЧЕСТВО
ВКУС
ПЕТРУШКА
ТИМЬЯН

42 - Frutas

П	Е	И	Ж	Ю	Б	Ъ	И	О	Ж	Ч	Д	Ф	Н
П	Е	Г	А	Щ	А	Г	У	Е	Я	М	Ч	В	Ь
А	Ж	Р	Ы	Ы	Н	Н	Я	Г	О	Д	А	И	К
П	Е	У	С	Ъ	А	П	С	Х	Ъ	Я	Ы	Н	Г
А	В	Ш	К	И	Н	И	А	Б	Р	И	К	О	С
Й	И	А	И	Ю	К	Н	В	Н	Ц	Г	К	Г	Р
Я	К	Ч	В	Ч	Т	Ж	О	Е	А	П	Я	Р	Я
М	А	Л	И	Н	А	И	К	К	М	Н	С	А	Б
К	Ц	Г	Ш	Ю	Ъ	Р	А	Т	А	Г	А	Д	Л
К	В	И	Ш	Н	Я	В	Д	А	Н	Ф	Ю	С	О
Ь	О	Г	Ф	Ц	Ы	Ъ	О	Р	Г	Е	Щ	Д	К
Ч	Щ	К	Н	Х	Ы	М	Ъ	И	О	П	А	Н	О
Г	У	Х	О	А	О	Р	А	Н	Ж	Е	В	Ы	Й
С	Ю	У	А	С	В	П	Л	И	М	О	Н	Ж	Р

АВОКАДО
АНАНАС
ЕЖЕВИКА
ЯГОДА
БАНАН
ВИШНЯ
КОКОС
АБРИКОС
ИНЖИР
МАЛИНА

КИВИ
ОРАНЖЕВЫЙ
ЛИМОН
ЯБЛОКО
ПАПАЙЯ
МАНГО
НЕКТАРИН
ГРУША
ПЕРСИК
ВИНОГРАД

43 - Corpo Humano

О	К	К	Р	О	В	Ь	Ч	Щ	О	П	М	К	Г
Ш	Р	О	Т	С	Ъ	Л	Г	Ю	М	О	З	Г	О
М	П	Ж	Л	Ч	Е	Р	Ж	Ф	Ы	Д	Ь	Б	Л
Г	Л	А	З	Е	Г	Р	Ь	О	И	Б	Ю	Р	О
Р	Е	Л	Ж	Л	Н	П	Д	Е	Л	О	Б	Щ	В
Щ	Ч	О	Г	Ю	О	О	Г	Ц	Г	Р	У	К	А
О	О	К	И	С	С	Ы	Я	О	Е	О	Ы	Л	Щ
Щ	Ч	О	П	Т	В	Г	Ш	Е	Я	Д	Ъ	Л	Ф
Я	У	Т	А	Ь	Н	К	Б	Ф	Л	О	Е	Т	Ф
Ъ	Х	Ь	Л	И	Л	О	Д	Ы	Ж	К	А	У	Р
Щ	О	В	Е	Е	Н	Д	Г	И	Ю	О	М	Н	А
Щ	Д	К	Ц	О	К	Р	О	А	Я	Ц	В	Р	Ъ
Б	С	Ы	К	П	Л	Ы	Б	В	Р	Е	Н	О	Ю
В	Б	Д	Е	Ч	А	Ф	Ж	В	Ф	Ф	Х	Х	К

РОТ
ГОЛОВА
МОЗГ
СЕРДЦЕ
ЛОКОТЬ
ПАЛЕЦ
КОЛЕНО
ЧЕЛЮСТЬ
РУКА
НОС

ГЛАЗ
ПЛЕЧО
УХО
КОЖА
НОГА
ШЕЯ
ПОДБОРОДОК
КРОВЬ
ЛОБ
ЛОДЫЖКА

44 - Restaurante #1

С	Х	Х	У	Ч	Ц	Ь	И	У	Б	И	К	Л	Ь
Ч	А	Л	К	Р	Ю	Б	В	А	Р	Н	У	О	Е
А	М	Л	Е	В	С	Х	М	Ю	О	Г	Х	П	Щ
Ш	Т	Б	Ф	Б	С	О	У	С	Н	Р	Н	О	Ж
А	Ю	Е	М	Е	О	И	Н	У	И	Е	Я	К	Ш
М	Е	Н	Ю	Е	Т	Я	Ь	Б	Р	Д	И	А	У
Д	Ц	М	А	Ц	Ж	К	К	Ш	О	И	Т	С	К
Р	Е	Я	Щ	Т	Ъ	О	А	Р	В	Е	М	С	И
Ж	А	С	Б	К	Е	Ф	Х	Ф	А	Н	Т	И	Ф
Е	Я	О	Е	У	Ш	Е	Ч	Ъ	Н	Т	Г	Р	Ь
Ч	У	О	П	Р	Я	Н	Ы	Й	И	Ы	Ц	Ь	Ф
К	Ы	Ы	П	И	Т	Р	Ц	А	Е	И	Л	Г	Ш
М	О	Ф	И	Ц	И	А	Н	Т	К	А	О	Н	Ы
Р	Ц	Б	Ч	А	А	Л	Л	Е	Р	Г	И	Я	Г

АЛЛЕРГИЯ
КОФЕ
КАССИР
МЯСО
КУХНЯ
НОЖ
КУРИЦА
ОФИЦИАНТКА
САЛФЕТКА

ИНГРЕДИЕНТЫ
МЕНЮ
СОУС
ХЛЕБ
ПРЯНЫЙ
БРОНИРОВАНИЕ
ДЕСЕРТ
ЧАША

45 - Caminhada

Д	Х	К	Ш	Е	А	У	Т	Ж	К	С	Ь	П	С
П	И	М	Т	И	Г	С	Я	И	Е	Щ	П	О	С
О	Д	К	Щ	Ю	О	Т	Ж	В	М	Ю	Р	Г	О
Д	Ж	А	И	У	Р	А	Е	О	П	Ц	И	О	Л
Г	С	Р	Ц	Й	А	Л	Л	Т	И	В	Р	Д	Н
О	Ф	Т	А	Ч	Л	Ы	Ы	Н	Н	Ю	О	А	Ц
Т	П	А	Р	К	И	Й	Й	Ы	Г	Н	Д	Д	Е
О	С	А	М	М	И	Т	Ш	Е	Ь	Е	А	Б	А
В	О	Р	И	Е	Н	Т	А	Ц	И	Я	Ц	О	Ж
К	А	М	Н	И	О	П	А	С	Н	О	С	Т	И
А	Ч	В	Ъ	А	Ю	У	Е	Ж	Щ	У	Р	И	Н
Ы	Ю	Ъ	Х	Ч	К	Л	И	М	А	Т	Б	Н	Т
О	Б	Х	Ф	Х	Щ	Ж	Ч	Ц	Е	Я	К	А
Т	К	Р	Ы	Е	М	Щ	И	Д	Я	С	В	И	У

КЕМПИНГ	ОРИЕНТАЦИЯ
ЖИВОТНЫЕ	ПАРКИ
ВОДА	КАМНИ
БОТИНКИ	УТЕС
УСТАЛЫЙ	ОПАСНОСТИ
КЛИМАТ	ТЯЖЕЛЫЙ
САММИТ	ПОДГОТОВКА
КАРТА	ДИКИЙ
ГОРА	СОЛНЦЕ
ПРИРОДА	ПОГОДА

46 - Água

```
Т  В  Д  Г  О  Л  М  Я  О  Ф  С  М  Ш  Ъ
В  Л  И  Ч  П  Ч  Х  Б  З  Ш  А  О  Л  П
Щ  А  Н  С  Л  Д  Т  Г  Е  Ц  Н  Р  П  Е
А  Ж  А  Г  П  Е  П  А  Р  К  Л  О  В  Н
И  Н  В  У  Е  А  О  И  О  С  Я  З  С  Е
Е  О  О  Х  С  Ж  Р  Р  Т  П  Е  Ю  Н  Ю
Б  С  Д  У  А  А  О  Е  Л  Ь  Ч  Л  Е  Д
Г  Т  Н  Т  Д  Г  Ш  К  Н  В  Е  Х  Г  Ф
Д  Ь  Е  И  О  К  Е  А  Н  И  О  В  Н  А
У  Б  Н  Ц  Ж  Н  Н  Й  Ь  Р  Е  О  О  Н
Ш  Ъ  И  И  Д  Ч  И  К  З  Ч  Т  Л  О  Й
Ф  В  Е  Ь  Ь  Л  Е  Г  Т  Е  Ф  Н  Ш  Р
У  Р  А  Г  А  Н  Ж  Ъ  Ж  Х  Р  Ы  К  Е
М  У  С  С  О  Н  С  К  А  Н  А  Л  И  Б
```

KAHAЛ
ДОЖДЬ
ДУШ
ИСПАРЕНИЕ
УРАГАН
МОРОЗ
ЛЕД
ГЕЙЗЕР
НАВОДНЕНИЕ
ОРОШЕНИЕ

ОЗЕРО
МУССОН
СНЕГ
ОКЕАН
ВОЛНЫ
ПИТЬЕВОЙ
РЕКА
ВЛАЖНОСТЬ
ПАР

47 - Sons

```
П О В Т О Р Я Ю Щ И Й С Я Б
С И Р Е Н Ы Н Г Л Ч Щ М Ю Г
К О Н Ц Е Р Т С Л Г Х Е Б Ы
Ж Ж Ь Ч Ь А Ь В М Х А Х А Ц
Ъ У Г Ю Н Э В И Б Р А Ц И Я
П Ю Н Ч Ы Х Р С Ш Р М О Ю Р
Ш Ц Щ И Я О К Т Е С Г В Д А
В К А Ш Е Л Ь О С Ч У Щ Ы Ю
Ь Г Р Щ Е Ш Ч К Л П Ш Ь С Г
М Х Ж Н О Ф У Е Ю О С Т О Н
Ц Г О Л О С А М Т Ч К Ш Ь Г
Р П Г Р О М К О Н П Ц О Ы У
Х Л О П А Т Ь Х У Ы Ю Г Л Я
Ш Е П О Т Г Ъ Х Р Я Й Е П Ф
```

ГРОМКО	СМЕХ
СВИСТОК	ШУМНЫЙ
ХЛОПАТЬ	КОЛОКОЛ
КОНЦЕРТ	СИРЕНЫ
ХОР	ШЕПОТ
ЭХО	КАШЕЛЬ
СТОН	ВИБРАЦИЯ
ПОВТОРЯЮЩИЙСЯ	ГОЛОСА

48 - Ecologia

```
Б  Г  Б  Ш  Щ  Ш  З  А  С  У  Х  А  Р  Х
Ш  О  Ж  Г  Ц  Ю  П  Р  И  Р  О  Д  А  Ц
Е  Г  Л  О  Б  А  Л  Ь  Н  Ы  Й  Ь  С  И
С  Ъ  Ь  О  К  Л  И  М  А  Т  М  Ж  Т  Ъ
Т  С  Ф  Щ  Т  М  О  Р  С  К  О  Й  Е  В
Е  К  Л  Ф  Е  О  Ъ  Г  Ь  Ф  А  У  Н  А
С  О  О  Б  Щ  Е  С  Т  В  А  У  В  И  Д
Т  Ш  Р  В  Ы  Ж  И  В  А  Н  И  Е  Я  М
В  Р  А  З  Н  О  О  Б  Р  А  З  И  Е  Т
Е  Ь  Г  Ы  И  Л  Ф  П  И  Х  А  Я  Р  Р
Н  Е  В  О  Л  О  Н  Т  Е  Р  Ы  Ж  Ц  Р
Н  Л  Ю  Т  Р  Е  С  У  Р  С  Ы  Ф  Е  Н
Ы  Е  Х  С  Ф  Ы  Ч  Ш  С  А  Е  Х  Ь  Ж
Й  П  Ы  Д  Ф  М  Ъ  М  Ь  Х  Ф  Л  Ж  Ж
```

КЛИМАТ	ЕСТЕСТВЕННЫЙ
СООБЩЕСТВА	ПРИРОДА
РАЗНООБРАЗИЕ	БОЛОТО
ВИД	РАСТЕНИЯ
ФАУНА	РЕСУРСЫ
ФЛОРА	ЗАСУХА
ГЛОБАЛЬНЫЙ	ВЫЖИВАНИЕ
МОРСКОЙ	ВОЛОНТЕРЫ
ГОРЫ	

49 - Família

```
М  П  Я  Ж  К  Д  П  Д  И  Д  П  В  С  Д
А  А  Ы  У  Д  Я  Л  Е  Ю  Ф  Л  Д  М  Я
Т  Ф  Т  Ц  Ю  Д  Е  Т  Я  Ж  Е  Н  А  Д
Ь  Д  Е  Е  Б  Я  М  С  О  Ф  М  Р  М  Е
Щ  Е  Т  Б  Р  Ш  Я  Т  Т  М  Я  Е  Ь  Д
У  Т  Я  Т  А  И  Н  В  Е  В  Н  Б  Ц  О
Х  И  Х  Б  Т  В  Н  О  Ц  Щ  Н  Е  Ь  Ч
М  Щ  И  Ы  А  Ю  И  С  С  Ы  И  Н  Р  Ь
И  И  С  Р  П  Б  К  В  К  Р  Ц  О  Ъ  Ы
С  Е  С  Т  Р  А  У  П  Н  И  А  К  Я  Л
Ц  Ш  Ф  В  Е  Ш  В  Ш  А  У  Й  Ц  Ю  Щ
Л  О  Л  Ь  Д  Я  Л  Ш  К  Ч  К  М  У  Ж
Т  К  Л  Р  О  У  П  Н  С  А  Я  Б  Ь  Т
Е  Ь  В  Ы  К  О  Т  Ц  О  В  С  К  И  Й
```

ПРЕДОК	МУЖ
БАБУШКА	МАТЕРИНСКИЙ
ДЕД	МАТЬ
РЕБЕНОК	ВНУК
ДЕТИ	ОТЕЦ
ЖЕНА	ОТЦОВСКИЙ
ДОЧЬ	ПЛЕМЯННИЦА
ДЕТСТВО	ПЛЕМЯННИК
СЕСТРА	ТЕТЯ
БРАТ	ДЯДЯ

50 - Férias #2

И	Ы	Ф	О	Ж	П	Л	Я	Ж	М	Р	Б	П	Р
И	Н	О	С	Т	Р	А	Н	Е	Ц	Ч	Т	А	Б
Ш	У	С	Т	Р	А	Н	С	П	О	Р	Т	Л	Р
Ы	Е	Т	Ю	И	З	Ъ	П	П	Ц	О	А	А	О
И	Ь	Р	Д	Р	Д	Д	У	О	О	Д	Ь	Т	Н
Г	Ш	О	Ц	Щ	Н	Ъ	Т	Ч	Т	Р	Ж	К	И
Ф	Ы	В	А	Ы	И	Т	Е	Л	Е	Г	Т	А	Р
Х	К	Ч	Ь	Ю	К	В	Ш	Ъ	Л	Р	Ь	В	О
Д	О	С	У	Г	Ч	Е	Е	Ъ	Ь	П	Ф	Ш	В
К	Е	М	П	И	Н	Г	С	Ж	Ф	Т	Р	Г	А
В	А	Я	Л	Р	У	У	Т	М	О	Р	Е	Ш	Н
И	О	Р	Я	Ф	А	Ъ	В	Т	Т	А	К	С	И
З	К	Ъ	Т	И	В	В	И	Г	О	Р	Ы	Ф	Е
А	К	К	Н	А	Ю	Р	Е	С	Т	О	Р	А	Н

КЕМПИНГ
ИНОСТРАНЕЦ
ПРАЗДНИК
ФОТО
ОТЕЛЬ
ОСТРОВ
ДОСУГ
КАРТА
МОРЕ
ГОРЫ

ПАСПОРТ
ПЛЯЖ
БРОНИРОВАНИЕ
РЕСТОРАН
ТАКСИ
ПАЛАТКА
ТРАНСПОРТ
ПУТЕШЕСТВИЕ
ВИЗА

51 - Edifícios

Л	П	О	Б	С	Е	Р	В	А	Т	О	Р	И	Я
Ь	А	Г	Ш	Щ	Ы	Д	Г	С	Т	Ц	Ф	Л	Щ
Я	Л	Б	К	П	О	С	О	Л	Ь	С	Т	В	О
С	А	А	О	Ф	З	А	В	О	Д	Ъ	З	Ф	Т
К	Т	Ш	Л	Р	К	И	Н	О	Щ	Я	А	Е	Е
В	К	Н	А	Ч	А	Г	А	Р	А	Ж	М	Р	Л
А	А	Я	Е	Б	Ю	Т	Ф	П	С	В	О	М	Ь
Р	М	В	Л	Ш	А	Л	О	К	Ж	Б	К	А	К
Т	У	Б	С	В	Ж	Ч	Х	Р	М	У	З	Е	Й
И	Я	В	А	К	С	Т	А	Д	И	О	Н	Ч	Ф
Р	Я	К	Ы	Р	С	Ю	Е	Щ	М	Я	И	Ж	С
А	Б	О	Л	Ь	Н	И	Ц	А	Ы	Р	К	М	Х
Л	У	Н	И	В	Е	Р	С	И	Т	Е	Т	П	Е
Ш	Ф	Т	С	У	П	Е	Р	М	А	Р	К	Е	Т

KВАРТИРА   БОЛЬНИЦА
ЗАМОК   ОТЕЛЬ
АМБАР   ЛАБОРАТОРИЯ
КИНО   МУЗЕЙ
ПОСОЛЬСТВО   ОБСЕРВАТОРИЯ
ШКОЛА   СУПЕРМАРКЕТ
СТАДИОН   ТЕАТР
ФЕРМА   ПАЛАТКА
ЗАВОД   БАШНЯ
ГАРАЖ   УНИВЕРСИТЕТ

52 - Praia

В	Л	Т	У	Л	И	П	Ш	Н	Ю	Ф	Щ	М	П
У	С	А	Н	Д	А	Л	И	И	Н	Щ	Т	О	О
С	О	Ы	Г	Ч	З	С	Е	Ю	М	Е	Л	Р	Б
Ф	Л	Ь	К	У	О	С	Т	Р	О	В	О	Е	Е
С	Н	Ф	Ч	Ю	Н	И	Ъ	В	О	П	Д	Б	Р
Р	Ц	О	А	Л	Т	А	Д	Г	Ю	Ы	К	Н	Е
П	Е	С	О	К	И	Т	Е	О	К	Е	А	Н	Ж
Ю	Ь	Е	Ч	К	К	Т	Т	Ъ	К	Т	Ш	С	Ь
Я	Ч	Щ	Т	Р	Я	Ф	К	Д	С	И	Ъ	Е	Е
Щ	Ц	А	У	А	К	М	Т	Ц	И	Р	Д	У	Ж
У	Л	П	Т	Б	Х	Д	Ж	К	Н	Ъ	И	Р	Р
П	О	Л	О	Т	Е	Н	Ц	Е	И	Я	Ц	Ф	Б
К	М	Е	Ы	Ц	Ы	Ж	Т	Ъ	Й	Ъ	Ы	Ц	Т
Х	У	Ч	Р	Ш	Р	О	Л	Ж	У	Ъ	Я	К	Ь

ПЕСОК
СИНИЙ
ЛОДКА
КРАБ
ПОБЕРЕЖЬЕ
ДОК
ЗОНТИК
ОСТРОВ

ЛАГУНА
МОРЕ
ОКЕАН
РИФ
САНДАЛИИ
СОЛНЦЕ
ПОЛОТЕНЦЕ

53 - Xadrez

```
С Т Р А Т Е Г И Я Г К К П Р
Ч Д И А Г О Н А Л Ь Ы О А О
Щ Е Б Т Т Г К О Н К У Р С П
Я Ш М Т У Н Ш Ь Н И Я О С П
В Р Ч П Н Ш С Я П Н Ь Л И О
А Р Т О И Г Р О К П К Е В Н
Х Ж Е О Р О И П Ы Ю А В Н Е
П Е Ч М Ч И Н Р Ц И Ф А Ы Н
Р Р Е Т Я К К О Р О Л Ь Й Т
А Т Р У Ъ Р И Б Е Л Ы Й Д Ч
В В Н Р К Г Т Л Ц Ч Ь И Д А
И А Ы Н С Н Б Е Н Р Р Г И Ю
Л Ы Й И Н В М М М Ь Х Р Я О
А У Ъ Р Р Я Д Ы О Л С А Ь Е
```

БЕЛЫЙ	ПАССИВНЫЙ
ЧЕМПИОН	ТОЧКИ
КОНКУРС	ЧЕРНЫЙ
ПРОБЛЕМЫ	КОРОЛЕВА
ДИАГОНАЛЬ	ПРАВИЛА
СТРАТЕГИЯ	КОРОЛЬ
ИГРОК	ЖЕРТВА
ИГРА	ВРЕМЯ
ОППОНЕНТ	ТУРНИР

54 - Aventura

```
Н Х Н П Р И Р О Д А Т В Х Н
А О Р Я И Ъ М П Е Ц Р О Р Г
В П В О Х К А Р Я Е У З А Ы
И А Ф Ы М Р Р О Т Э Д М Б Р
Г С Х Ы Й А Ш Б Е К Н О Р Н
А Н С И У Д Р Л Л С О Ж О Е
Ц Ы Б А М О У Е Ь К С Н С О
И Й Ъ И Ж С Т М Н У Т О Т Б
Я С М А Т Т Д Ы О Р Ь С Ь Ы
Ш С Ш Ж Х Ь У А С С Я Т И Ч
К Р А С О Т А Ф Т И Ъ Ь К Н
Т Г Н Х Д Р У З Ь Я Ж О Ш Ы
В О С П О Д Г О Т О В К А Й
Э Н Т У З И А З М Г К Ш Д Ц
```

РАДОСТЬ	ЭКСКУРСИЯ
ДРУЗЬЯ	НЕОБЫЧНЫЙ
ДЕЯТЕЛЬНОСТЬ	МАРШРУТ
КРАСОТА	ПРИРОДА
ХРАБРОСТЬ	НАВИГАЦИЯ
ШАНС	НОВЫЙ
ПРОБЛЕМЫ	ВОЗМОЖНОСТЬ
ТРУДНОСТЬ	ОПАСНЫЙ
ЭНТУЗИАЗМ	ПОДГОТОВКА

55 - Surf

```
Х П С П О Р Т С М Е Н С Я Э
В О К Н А Ч И Н А Ю Щ И Й К
О Г О Я Л Б Ф Ь Ь Ц Ь Б Щ С
Л О Р Щ Р Ф И Н Щ Ц Я П Л Т
Н Д О Л Ф С Д Х Ю Ц Д Я У Р
А А С И Л А Ы Ь Ю Ы Д Ш Ж Е
П Ж Т П О П У Л Я Р Н Ы Й М
Щ Е Ь О К Е А Н Т О Л П Ы А
Ч Л Н Р И Ф Ъ С Ю Ж Ъ Б И Л
Р У Ш А Т Т Л А Т Л М Л Ю Ь
О Д Ч Б Е Ч Е М П И О Н С Н
Ы О Ц Т Ч М Х Ы Л О Л И Р Ы
Т К Ы Ь И Н К Ф Я Б Ы Ь Н Й
Ь Г Ч Щ О И Ф Х Ж В Х Ж Ь Ч
```

СПОРТСМЕН
ЧЕМПИОН
ПЕНА
СТИЛЬ
ЖЕЛУДОК
ЭКСТРЕМАЛЬНЫЙ
СИЛА
ТОЛПЫ

ОКЕАН
ВОЛНА
ПОПУЛЯРНЫЙ
ПЛЯЖ
НАЧИНАЮЩИЙ
СКОРОСТЬ
РИФ
ПОГОДА

56 - Floresta Tropical

```
Н Р И Ю В Г М П С С Ж А В С
А У Б Е Ж И Щ Е О О Н С Ы Ю
С Д Ц Ы И А Д Ю Х О Р Ф Ж А
Е А У Ш К Ы Г Т Р Б А А И М
К Ч В Б Н О М Ю А Щ З П В Ф
О Ю А Ъ Н С У Б Н Е Н Т А И
М Д Ж У Н Г Л И Е С О И Н Б
Ы П Е А Д Б П Т Н Т О Ц И И
Е О Н Н Б Ж Р Р И В Б Ы Е И
К Л И М А Т И С Е О Р Л Ю Д
И У Е О Ь Р О Б Л А К А Ф
Г М Ч Х Р Л О С Е Ч З П Ъ Е
Ц Е Н Н Ы Й Д М С В И Ф Р М
Г Е Н М Н Г А В К М Е Е К К
```

АМФИБИИ   ОБЛАКА
КЛИМАТ   ПТИЦЫ
СООБЩЕСТВО   СОХРАНЕНИЕ
РАЗНООБРАЗИЕ   УБЕЖИЩЕ
ВИД   УВАЖЕНИЕ
НАСЕКОМЫЕ   ДЖУНГЛИ
МОХ   ВЫЖИВАНИЕ
ПРИРОДА   ЦЕННЫЙ

57 - Cidade

```
С  В  Ч  М  Е  М  С  Ш  Н  Б  Д  Я  Ф  У
С  Т  П  О  Е  У  А  К  И  Н  О  М  С  Ы
У  Ь  А  Х  О  З  Л  О  А  П  Т  Е  К  А
П  К  Т  Д  Щ  Е  О  Л  Ф  Е  Х  У  П  Р
Е  Л  Е  А  И  Й  Н  А  Б  К  Ы  Л  Ь  Б
Р  И  А  Э  Р  О  А  Ь  И  А  К  Г  Ж  А
М  Н  Т  Р  Е  Г  Н  Ш  Б  Р  Ъ  Щ  С  Н
А  И  Р  О  С  А  Е  Ф  Л  Н  Е  Г  Б  К
Р  К  Б  П  Т  Л  Ш  Л  И  Я  Ю  Е  О  О
К  А  Т  О  О  Е  З  О  О  П  А  Р  К  Т
Е  Х  Р  Р  Р  Р  Г  Р  Т  Ю  К  Ы  Я  Е
Т  М  У  Т  А  Е  Ю  И  Е  Т  Ъ  Н  Р  Л
Ы  Г  Ж  Ц  Н  Я  Б  С  К  П  Ю  О  И  Ь
М  П  К  К  Л  Ш  Х  Т  А  К  Ь  К  Е  Ф
```

АЭРОПОРТ	ОТЕЛЬ
БАНК	ЗООПАРК
БИБЛИОТЕКА	РЫНОК
КИНО	МУЗЕЙ
КЛИНИКА	ПЕКАРНЯ
ШКОЛА	РЕСТОРАН
СТАДИОН	САЛОН
АПТЕКА	СУПЕРМАРКЕТ
ФЛОРИСТ	ТЕАТР
ГАЛЕРЕЯ	

58 - Matemática

```
Д И А М Е Т Р Х М П П Н О Ц
П Е Р И М Е Т Р Щ А Е И Ж П
Э К С П О Н Е Н Т Р Р И Е О
Б У П Я Л С У М М А П Х Т Л
Т И Л Ю Т Я Ю Т М Л Е Г Р И
А Ф О А Ю И Н В Е Л Н Е Е Г
Ы Д Щ В Ж Ы Ч Ь Ю Е Д О У О
Ф Р А К Ц И Я Н Ц Л И М Г Н
Ф А Д О Б Ъ Е М Ы Ь К Е О В
Щ Д Ь И Е Ж Ч Ш Ш Й У Т Л У
Т И Ч И С Л А Ч Б Ы Л Р Ь Г
Ы У Р А В Н Е Н И Е Я И Н Л
Х С И М М Е Т Р И Я Р Я И Ы
П Р Я М О У Г О Л Ь Н И К Г
```

УГЛЫ	ПЕРПЕНДИКУЛЯР
ДЕСЯТИЧНЫЙ	ПОЛИГОН
ДИАМЕТР	ПЛОЩАДЬ
УРАВНЕНИЕ	РАДИУС
ЭКСПОНЕНТ	ПРЯМОУГОЛЬНИК
ФРАКЦИЯ	СИММЕТРИЯ
ГЕОМЕТРИЯ	СУММА
ЧИСЛА	ТРЕУГОЛЬНИК
ПАРАЛЛЕЛЬ	ОБЪЕМ
ПЕРИМЕТР	

59 - Natureza

```
Г А Л Н Ь Л Д Ж Д Щ Ю Щ П А
О Р Е К А И М И Р Н Ы Й Ч Р
Р Б С Т К С П В И Ю Ы М Е К
Ы У Л Ж Ъ Т У О В Н О Е Л Т
У Ю Д А Х В С Т У М А Н Ы И
М Ы Х Д К А Т Н Ы Б Т Ъ Ч Ч
Ю Г К В Г А Ы Ы А Ы Г Д У Е
Л Е Д Н И К Н Е А Ж П В М С
В Э Р О З И Я Ф Д И К И Й К
С В Я Т И Л И Щ Е Е Щ Е А И
Д И Н А М И Ч Е С К И Й У Й
К Л О В К Л У К Р Ы Т И Е Ю
Б Е З М Я Т Е Ж Н Ы Й А Ш К
К Р А С О Т А Ю У И С А С Ь
```

ПЧЕЛЫ	ЛЕДНИК
УКРЫТИЕ	ГОРЫ
ЖИВОТНЫЕ	ТУМАН
АРКТИЧЕСКИЙ	ОБЛАКА
КРАСОТА	МИРНЫЙ
ПУСТЫНЯ	РЕКА
ДИНАМИЧЕСКИЙ	СВЯТИЛИЩЕ
ЭРОЗИЯ	ДИКИЙ
ЛЕС	БЕЗМЯТЕЖНЫЙ
ЛИСТВА	

60 - Preencher

А	Л	Д	Ъ	Т	Ы	В	Б	Ъ	Ч	Ч	Ь	П	К
У	К	Ч	И	В	Ц	П	А	К	Е	Т	К	А	А
С	У	М	К	А	У	Т	Н	О	М	Р	О	П	Р
В	Ь	К	Б	Е	Ю	П	К	Н	О	У	Р	К	М
Б	А	С	С	Е	Й	Н	А	В	Д	Б	З	А	А
У	Ъ	Ы	Ф	Г	Я	Н	Ж	Е	А	К	И	В	Н
Т	Ъ	Ч	В	Р	Г	Г	В	Р	Н	А	Н	А	Л
Ы	К	О	Р	О	Б	К	А	Т	Ф	А	А	З	О
Л	С	Ш	М	Ч	Я	Ж	Н	А	Ю	Б	У	А	Т
К	Е	У	Ъ	Т	Ю	Ч	Т	Я	Ц	Т	Д	Б	О
А	Ф	А	Д	Х	Ъ	Ю	М	В	Е	Д	Р	О	К
Д	Х	Л	Т	Н	О	И	Ж	В	Ы	О	Л	Ч	Ф
Ы	Х	Я	Ю	Ф	О	М	Л	Ф	Ф	Щ	Ж	К	И
М	Ч	Р	Ф	В	Ь	Ц	Ю	Л	И	Ь	Ш	А	Х

БАССЕЙН

ВЕДРО

ЛОТОК

БОЧКА

КАРМАН

КОРОБКА

КОРЗИНА

КОНВЕРТ

БУТЫЛКА

БАНКА

ЧЕМОДАН

СУДНО

ПАКЕТ

ПАПКА

СУМКА

ТРУБКА

ВАЗА

61 - Animais de Estimação

```
К  Х  В  О  С  Т  В  Е  Р  В  Г  С  О  Ж
Р  Ь  К  О  Ю  Г  О  С  Х  Ы  Ф  Л  Л  Т
О  В  К  Ы  Д  Ч  Р  Ф  О  Л  Б  К  В  Х
Л  Ь  С  Р  Н  А  О  Ж  М  Б  Д  А  У  Ш
И  Щ  Е  Н  О  К  Т  Ю  Я  Ч  А  Ы  Н  Ы
К  О  З  А  Ы  Ы  Н  О  К  Е  Б  К  И  Ч
Ц  Л  Х  Я  Ю  Ь  И  Ы  Н  Р  Ъ  У  А  Ч
К  О  Р  О  В  А  К  Я  Щ  Е  Р  И  Ц  А
О  П  О  П  У  Г  А  Й  Р  П  Ю  Ъ  П  Ч
Ш  С  Ъ  Ш  Ы  М  С  Ь  У  А  Ю  Ц  Ю  Р
К  Я  Ш  М  Н  П  О  Х  А  Х  М  Д  Т  П
А  М  Ы  Ц  К  О  Г  Т  И  А  Ы  Е  Ъ  Ж
В  Е  Т  Е  Р  И  Н  А  Р  П  Ш  В  О  Н
Ш  К  О  Щ  Ф  Р  О  Ъ  Д  Л  Ь  К  О  Я
```

ВОДА	ХОМЯК
КОЗА	ЯЩЕРИЦА
ЩЕНОК	МЫШЬ
ХВОСТ	ПОПУГАЙ
СОБАКА	РЫБА
КРОЛИК	ЧЕРЕПАХА
ВОРОТНИК	КОРОВА
КОГТИ	ВЕТЕРИНАР
КОШКА	

62 - Escalada

```
К Т Э П Б П Е Р Ч А Т К И У
А П К Е Я Щ Р Х Я У Ъ М У О
Р Ю С Щ А Т М О С Ф Е Р А В
Т Ш П Е Ж Н П Л Б В Ъ Ж Р Ы
А Ь Е Р С У Е Ю Ф Л Ь Л Ъ С
И О Р А Р З Ш Б И Д Е Ь Л О
Б О Т И Н К И О З Н Ш М Щ Т
О Е Ц К Н И Й П И Ф Ы Л Ы А
Ч О Д М Л Й Т Ы Ч Ь С Д Е Ч
Ж Г Ы М Ю Щ У Т Е К Ц О Я М
Р Р Ц У Ж Н Р С С И Л А Р С
Б Б О Ю И Л И Т К Ь Б Ю С Ж
Д Ж Л Н Б Ь З В И Ш Ц Ч Д К
У Ъ Я Л К Я М О Й К Р Н Т Б
```

ВЫСОТА	ПРОБЛЕМЫ
АТМОСФЕРА	ЭКСПЕРТ
БОТИНКИ	УЗКИЙ
ПЕШИЙ ТУРИЗМ	ФИЗИЧЕСКИЙ
ШЛЕМ	СИЛА
ПЕЩЕРА	ПЕРЧАТКИ
ЛЮБОПЫТСТВО	КАРТА

63 - Aviões

```
В  Н  Ъ  Ъ  Т  Е  Х  Ъ  Р  П  Н  Г  Е  С
О  А  Т  М  О  С  Ф  Е  Р  А  А  Е  К  Т
З  П  Ф  Д  П  П  Л  Г  Н  С  Д  И  Б  Р
Д  Р  П  В  Л  У  Ч  Ю  П  С  У  С  Ь  О
У  А  Р  И  И  С  П  П  О  А  В  Т  Э  И
Ш  В  И  Г  В  К  В  Р  С  Ж  А  О  К  Т
Н  Л  К  А  О  В  Ы  О  А  И  Т  Р  И  Е
Ы  Е  Л  Т  Р  О  С  П  Д  Р  Ь  И  П  Л
Й  Н  Ю  Е  П  З  О  Е  К  О  Щ  Я  А  Ь
Ш  И  Ч  Л  У  Д  Т  Л  А  М  Р  Ь  Ж  С
А  Е  Е  Ь  Я  У  А  Л  Ч  И  Ы  О  О  Т
Р  О  Н  П  Ы  Х  Ы  Е  Л  Ы  И  Х  Д  В
У  П  И  Л  О  Т  О  Р  У  Я  А  Е  Х  О
А  Ф  Е  Я  Д  А  Ы  Ы  П  О  Г  О  Д  А
```

ВЫСОТА	НАПРАВЛЕНИЕ
ВОЗДУХ	ПРОПЕЛЛЕРЫ
ПОСАДКА	ВОДОРОД
АТМОСФЕРА	ИСТОРИЯ
ПРИКЛЮЧЕНИЕ	НАДУВАТЬ
ВОЗДУШНЫЙ ШАР	ДВИГАТЕЛЬ
НЕБО	ПАССАЖИР
ТОПЛИВО	ПИЛОТ
СТРОИТЕЛЬСТВО	ПОГОДА
СПУСК	ЭКИПАЖ

64 - Tipos de Cabelo

С	Е	Р	Е	Б	Р	О	Ц	В	Е	Т	Н	О	Й
Ь	Б	П	Л	Е	Т	Е	Н	Ы	Й	Е	М	Я	Щ
Ш	Е	Р	Ж	Р	Т	Т	К	С	У	Х	О	Й	Т
Д	Л	И	Н	Н	Ы	Й	О	К	Н	С	Ю	Б	О
Б	Ы	К	О	С	Ы	Я	Р	Л	У	Р	С	В	Н
К	Й	У	У	С	Б	А	И	З	С	Д	Е	Е	К
Е	У	Ф	Х	И	Д	К	Ч	Д	В	Т	Р	Ь	И
Ъ	Д	Д	Ч	Ю	Т	Н	Н	О	И	Ж	Ы	И	Й
Ъ	Е	Ь	Р	Ь	И	Ч	Е	Р	Н	Ы	Й	Й	М
И	Ж	Л	Д	Я	Е	Т	В	О	А	С	М	Щ	Я
Р	Р	К	Д	Т	В	Ю	Ы	В	Я	Х	Ь	Г	Г
Е	С	Ч	Л	Ы	С	Ы	Й	Ы	Х	У	Ъ	К	К
Б	Л	О	Н	Д	И	Н	Й	Й	Н	Ю	У	О	И
Г	К	О	Р	О	Т	К	А	Я	К	Ы	Б	Е	Й

БЕЛЫЙ
КУДРИ
ЛЫСЫЙ
СЕРЫЙ
ЦВЕТНОЙ
КОРОТКАЯ
КУДРЯВЫЙ
ТОНКИЙ
ТОЛСТЫЙ
БЛОНДИН

ДЛИННЫЙ
КОРИЧНЕВЫЙ
СЕРЕБРО
ЧЕРНЫЙ
ЗДОРОВЫЙ
СУХОЙ
МЯГКИЙ
ПЛЕТЕНЫЙ
КОСЫ

65 - Formas

Л	Г	О	П	Ж	В	Б	К	У	Г	Е	Д	Ш	К
И	И	Г	Р	И	Ц	Х	К	Г	Т	Ф	Ц	А	О
Н	П	К	Я	Ж	Р	П	Л	О	Щ	А	Д	Ь	В
И	Е	Л	М	И	И	А	Р	Л	К	Р	У	Г	А
Я	Р	В	О	З	А	Щ	М	Ц	Д	К	Б	Ч	Л
Ь	Б	Ч	У	Г	Д	В	Т	И	У	Т	П	Я	Ь
П	О	Я	Г	И	Н	Ф	Б	Л	Д	Ф	Е	М	Н
О	Л	Г	О	Б	Р	Ш	С	И	М	А	Х	Б	Ы
Л	А	Э	Л	Л	И	П	С	Н	У	К	У	Б	Й
И	Д	Ж	Ь	О	Д	Л	М	Д	Г	Д	Ш	М	Ф
Г	Л	Ц	Н	Р	Я	Н	М	Р	Ш	Ь	У	П	Н
О	Ц	С	И	Ж	Ш	П	Р	И	З	М	А	Г	Ы
Н	Т	Г	К	О	Н	У	С	Ф	Е	Р	А	А	А
С	Т	О	Р	О	Н	А	Б	М	Р	П	О	С	В

ДУГА
УГОЛ
ЦИЛИНДР
КРУГ
КОНУС
КУБ
ИЗГИБ
ЭЛЛИПС
СФЕРА

ГИПЕРБОЛА
СТОРОНА
ЛИНИЯ
ОВАЛЬНЫЙ
ПИРАМИДА
ПОЛИГОН
ПРИЗМА
ПЛОЩАДЬ
ПРЯМОУГОЛЬНИК

66 - Dias e Meses

```
К  Н  М  Е  С  Я  Ц  П  Ы  Е  Л  Ц  Д  А
А  Е  Х  С  У  В  Ч  О  Щ  Д  Ш  У  Е  П
Л  Д  Ж  Е  Б  Ф  Е  Н  М  Г  Щ  Г  К  Р
Е  Е  О  Н  Б  Е  Т  Е  Н  О  Ъ  И  А  Е
Н  Л  А  Т  О  В  В  Д  О  Д  Ф  Р  Б  Л
Д  Я  В  Я  Т  Р  Е  Е  Я  Н  В  А  Р  Ь
А  В  Г  Б  А  А  Р  Л  Б  Н  С  Ш  Ь  Д
Р  И  У  Р  Д  Л  Г  Ь  Р  И  Ю  Н  Ь  Ч
Ь  Л  С  Ь  Щ  Ь  А  Н  Ь  П  Ь  П  Р  Ф
П  Я  Т  Н  И  Ц  А  И  М  Л  Ъ  Х  Т  К
О  К  Т  Я  Б  Р  Ь  К  Д  О  Ч  Л  А  К
В  Т  О  Р  Н  И  К  Ж  Б  Н  М  Ч  Г  Г
П  К  К  Т  Л  Х  И  Ю  Л  Ь  Х  Х  Я  Ь
К  В  О  С  К  Р  Е  С  Е  Н  Ь  Е  Ы  Щ
```

АПРЕЛЬ	МЕСЯЦ
АВГУСТ	НОЯБРЬ
ГОД	ОКТЯБРЬ
КАЛЕНДАРЬ	ЧЕТВЕРГ
ДЕКАБРЬ	СУББОТА
ВОСКРЕСЕНЬЕ	ПОНЕДЕЛЬНИК
ФЕВРАЛЬ	НЕДЕЛЯ
ЯНВАРЬ	СЕНТЯБРЬ
ИЮЛЬ	ПЯТНИЦА
ИЮНЬ	ВТОРНИК

67 - Geografia

Я	П	Р	С	Ю	У	Ч	Б	Г	Ъ	Т	М	Ч	Щ
М	И	Р	Т	Г	Г	О	Р	О	Д	И	Е	Ф	В
Ч	Ц	Ф	Р	Е	К	А	П	Р	Ю	Ь	Р	П	Щ
Д	Ы	З	А	П	А	Д	В	А	О	У	И	М	К
О	К	О	Н	Т	И	Н	Е	Н	Т	Ъ	Д	Ж	Р
К	С	Ы	А	О	К	Е	А	Н	Н	Х	И	А	С
Л	А	Т	П	О	Л	У	С	Ф	Е	Р	А	Т	Е
И	Ф	Р	Р	Е	Г	И	О	Н	Ц	Х	Н	Л	В
Ш	Ъ	Н	Т	О	П	Ф	А	В	Б	Ю	Г	А	Е
Х	Ч	О	Я	А	В	Ы	С	О	Т	А	Л	С	Р
Л	П	Т	Е	Р	Р	И	Т	О	Р	И	Я	Ю	Е
М	О	Р	Е	Ы	Ч	Ы	Ж	Ч	Т	Щ	Ж	Ы	Ю
Ш	Т	Ъ	Ф	Ш	И	Р	О	Т	А	Т	А	П	Ш
Ы	Х	Л	Ц	Т	И	Ч	Н	Щ	О	А	Е	Б	Х

ВЫСОТА
АТЛАС
ГОРОД
КОНТИНЕНТ
ПОЛУСФЕРА
ОСТРОВ
ШИРОТА
КАРТА
МОРЕ
МЕРИДИАН

ГОРА
МИР
СЕВЕР
ОКЕАН
ЗАПАД
СТРАНА
РЕГИОН
РЕКА
ЮГ
ТЕРРИТОРИЯ

68 - Antártica

```
П  И  Н  Г  В  И  Н  Ы  У  Х  З  Б  Ц  Ч
Э  К  С  П  Е  Д  И  Ц  И  Я  А  П  У  Ц
М  И  Н  Е  Р  А  Л  Ы  Л  Х  Л  Ц  П  Ю
К  А  Ч  Ы  Ы  Ж  В  Д  Ч  О  И  Л  Ч  Т
С  К  А  Л  И  С  Т  Ы  Й  С  В  Ы  С  Л
Ф  О  Т  Е  М  П  Е  Р  А  Т  У  Р  А  Е
Ы  А  Х  Ц  И  Т  Г  Б  Ы  Р  С  Х  И  Д
М  И  Г  Р  А  Ц  И  Я  Д  О  И  Ж  Ч  Ь
Ж  А  Ъ  Ш  А  Щ  Ж  Л  П  В  О  Д  А  Ц
Х  Ч  Л  Е  Д  Н  И  К  И  А  Ф  Ы  Х  Г
К  О  Н  Т  И  Н  Е  Н  Т  О  Я  Ю  Щ  В
И  Н  Т  О  И  Ш  Ч  Н  А  У  Ч  Н  Ы  Й
Т  Г  Е  О  Г  Р  А  Ф  И  Я  Ц  Ж  Л  Х
Ы  Б  У  Х  Т  О  Ч  К  А  Е  Н  Н  Д  Ъ
```

ВОДА
ЗАЛИВ
КИТЫ
НАУЧНЫЙ
СОХРАНЕНИЕ
КОНТИНЕНТ
БУХТОЧКА
ЭКСПЕДИЦИЯ
ЛЕДНИКИ

ЛЕД
ГЕОГРАФИЯ
ОСТРОВА
МИГРАЦИЯ
МИНЕРАЛЫ
ПИНГВИНЫ
СКАЛИСТЫЙ
ТЕМПЕРАТУРА

69 - Flores

```
О Р У У А П И О Н Я Ш Щ Д М
Д О Х А Е Л Л Щ Ф Г Ь Н П К
У З К Л Д Ю Ш К К М М Л О Ж
В А Ч Р Е М Е Л А В А Н Д А
А Г Ь У М Е И Е Л Ю Р К С С
Н Б И Ч Щ Р В В Е Ч Г М О М
Ч Г У Б С И Р Е Н Ь А А Л И
И А Г К И Я Ж Р Д Л Р Г Н Н
К Ь Ы Щ Е С П П У И И Н У Н
Д Д И С В Т К Ш Л Л Т О Х У
О Р Х И Д Е Я У А И К Л Ц И
Л Е П Е С Т О К С Я А И Е Ы
Г А Р Д Е Н И Я Б Ц Б Я Ч Ф
Т Ю Л Ь П А Н Ы П Я Т О Д Ь
```

БУКЕТ	МАГНОЛИЯ
КАЛЕНДУЛА	МАРГАРИТКА
ОДУВАНЧИК	ОРХИДЕЯ
ГАРДЕНИЯ	МАК
ПОДСОЛНУХ	ПИОН
ГИБИСКУС	ЛЕПЕСТОК
ЖАСМИН	ПЛЮМЕРИЯ
ЛАВАНДА	РОЗА
СИРЕНЬ	КЛЕВЕР
ЛИЛИЯ	ТЮЛЬПАН

70 - Fazenda #1

```
З И В О Р О Н А А Ш Щ Н С Ш
М Е Д В И Ъ С Т Д Ш Х Ь Т Р
Х Ж М А С Я О Е В С Ъ Я А Т
К П О Л Е Ф Б Л Л О Ш А Д Ь
У С Ы Б Я Б А Е М У Ы Л О П
Р Г О Ф Я Ц К Ц П Ч Е Л А Ц
И И Ъ Ш Ю К А Ь Ж Д Н Ь Щ Е
Ц И А С Ч Ч К Б И М Ы Е К Н
А З И С В И Н Ь Я Р П У О Щ
Ш А Щ К О Р О В А Р Н К О Ь
К Б Ж В Д А Ы П С Е Н О Г П
К О Ш К А Ш Ь В Я Ц П Р И Л
Ь Р З Ф Ю П Ш Ч Б И О Щ О Н
Я Ю С А У Д О Б Р Е Н И Е Ъ
```

ПЧЕЛА	ВОРОНА
РИС	СЕНО
ВОДА	УДОБРЕНИЕ
ТЕЛЕЦ	КУРИЦА
ОСЕЛ	КОШКА
КОЗА	МЕД
ПОЛЕ	СВИНЬЯ
ЛОШАДЬ	СТАДО
СОБАКА	ЗЕМЛЯ
ЗАБОР	КОРОВА

71 - Livros

П	Р	И	К	Л	Ю	Ч	Е	Н	И	Е	У	М	Р
К	О	Н	Т	Е	К	С	Т	Б	Ш	В	М	Д	А
Л	С	Ы	И	Х	У	Н	Д	Е	Н	Ъ	Е	Е	С
И	А	Т	С	Т	Р	А	Н	И	Ц	А	С	Э	С
Т	А	В	Т	О	Р	П	Н	П	Ф	С	Т	П	К
Е	Х	Ч	О	В	О	И	О	У	Н	Т	Н	И	А
Р	А	И	Р	Е	М	С	Я	Э	Ч	И	Ы	Ч	З
А	Р	Т	И	Е	А	А	М	А	З	Х	Й	Е	Ч
Т	А	А	Ч	С	Н	Н	Р	Щ	Е	И	Ж	С	И
У	К	Т	Е	Л	Т	О	У	Е	Ы	Ц	Я	К	К
Р	Т	Е	С	О	К	О	Л	Л	Е	К	Ц	И	Я
Н	Е	Л	К	В	С	Е	Р	И	И	Ъ	Н	Й	В
Ы	Р	Ь	И	А	У	Ы	Е	И	Ж	Б	Ж	Ь	Т
Й	Ц	О	Й	Ц	Ж	Ц	П	И	Я	Щ	Л	Ц	Ы

АВТОР
ПРИКЛЮЧЕНИЕ
КОЛЛЕКЦИЯ
КОНТЕКСТ
НАПИСАНО
ЭПИЧЕСКИЙ
ИСТОРИЯ
ИСТОРИЧЕСКИЙ
ЧИТАТЕЛЬ
ЛИТЕРАТУРНЫЙ

РАССКАЗЧИК
СЛОВА
СТРАНИЦА
ХАРАКТЕР
СТИХ
ПОЭЗИЯ
УМЕСТНЫЙ
РОМАН
СЕРИИ

72 - Chocolate

Э	К	З	О	Т	И	Ч	Е	С	К	И	Й	П	Б
Ж	И	К	О	Т	М	К	Ю	Н	А	К	Я	А	Я
С	Щ	Т	А	Р	О	М	А	Т	Л	О	И	Л	Ц
Я	К	Н	А	Р	А	Х	И	С	О	К	Ш	Р	Ъ
С	А	Х	А	Р	А	М	П	О	Р	О	Ш	О	К
Ы	Ч	Л	Ю	Б	И	М	Ы	Й	И	С	Р	О	А
М	Е	Ф	Д	Щ	Ь	Г	Е	Х	И	Л	Е	И	К
В	С	Б	Щ	Б	Ю	Ч	Ы	Л	С	А	Ц	П	А
Ч	Т	В	К	У	С	Н	Ы	Й	Ь	Д	Е	Б	О
У	В	П	Д	Е	Ь	И	У	О	В	К	П	Ш	Т
Г	О	Р	Ь	К	И	Й	Ж	Я	Б	И	Т	Ф	В
И	Н	Г	Р	Е	Д	И	Е	Н	Т	Й	Ъ	Г	К
А	Н	Т	И	О	К	С	И	Д	А	Н	Т	Ю	У
С	Ю	Е	С	Ч	О	А	Г	А	Б	Н	Б	П	С

САХАР	ВКУСНЫЙ
ГОРЬКИЙ	СЛАДКИЙ
АРАХИС	ЭКЗОТИЧЕСКИЙ
АНТИОКСИДАНТ	ЛЮБИМЫЙ
АРОМАТ	ВКУС
КАКАО	ИНГРЕДИЕНТ
КАЛОРИИ	ПОРОШОК
КАРАМЕЛЬ	КАЧЕСТВО
КОКОС	РЕЦЕПТ

73 - Profissões #2

```
Р Д Е Х У Д О Ж Н И К И Ф А
Б Ь П И Л О Т У С Ф Е Н О С
С Ф Е Р М Е Р Р Т И Л Ж Т Т
С М Ч У И И Р Н О Л И Е О Р
У А Ш Р И Ь Ц А М О Н Н Г О
Ъ Ч Д Г О М Ц Л А С Г Е Р Н
В Б И О Л О Г И Т О В Р А А
Х Ц Ш Т В Щ С С О Ф И Р Ф В
Х Ъ Д Д Е Н Ш Т Л С С А А Т
Б М К Ц К Л И Ц О Ъ Т К П Ч
З О О Л О Г Ь К Г Н В Я А Ш
И С С Л Е Д О В А Т Е Л Ь Б
И Л Л Ю С Т Р А Т О Р Я А О
И З О Б Р Е Т А Т Е Л Ь О Г
```

ФЕРМЕР	ИССЛЕДОВАТЕЛЬ
АСТРОНАВТ	САДОВНИК
БИОЛОГ	ЖУРНАЛИСТ
ХИРУРГ	ЛИНГВИСТ
СТОМАТОЛОГ	ВРАЧ
ИНЖЕНЕР	ПИЛОТ
ФИЛОСОФ	ХУДОЖНИК
ФОТОГРАФ	УЧИТЕЛЬ
ИЛЛЮСТРАТОР	ЗООЛОГ
ИЗОБРЕТАТЕЛЬ	

74 - Fazenda #2

```
У Е Ю Ъ Я Н М В Ц Ч Т У Ъ Ы
Н Л У Г Ц Ч В А П А С Т И Ц
С П Е Л Ы Й М М О Л О К О Я
Ь А Б Й Б П Ш Е Н И Ц А Ы Е
Ж И В О Т Н Ы Е Н Е Ф М У Е
К О Р О Ш Е Н И Е Ь С Б Ж Ъ
А У Ф Р У К Т Ы Я Я Т А Ы Ю
О Ч К Ы Ф М Т Ы Г А Ш Р П П
Ы Я Х У Е Щ С Х Н Я Н Ю Г Ч
Щ П Ы Б Р С Я С Е Т А Ъ Т И
Я Ы С Н М У Ц А Н Т А Д Я К
О В О Щ Е Б З Д О В Ц А И Л
Ъ А Ч Ш Р Т Р А К Т О Р У Р
Ч Н Т Е К Г Л А М А Д У Ф Р
```

ФЕРМЕР	СПЕЛЫЙ
ЖИВОТНЫЕ	КУКУРУЗА
АМБАР	ОВЦА
ЯЧМЕНЬ	ПАСТИ
УЛЕЙ	УТКА
ЯГНЕНОК	САД
ФРУКТ	ЛУГ
ОРОШЕНИЕ	ТРАКТОР
МОЛОКО	ПШЕНИЦА
ЛАМА	ОВОЩ

75 - Jardim

Г	Р	А	Б	Л	И	Л	С	Л	Б	Б	Г	К	П
Г	Ф	У	Ж	Б	Д	У	К	Ж	Я	П	М	Б	Л
З	А	Б	О	Р	Т	Ж	Г	С	Ю	Б	Д	Д	Д
Ф	Б	М	Щ	Ь	Е	А	А	А	Ы	Щ	Х	Ч	Щ
Б	Ю	Ь	А	П	Р	Й	Р	Д	Д	С	Е	Ц	Е
П	Ы	Ц	Ч	К	Р	К	А	В	О	С	Н	Ц	Ъ
Ш	О	П	Ф	Ч	А	А	Ж	В	Л	К	У	С	Т
Л	Щ	Ч	Ц	С	С	Т	Ы	Б	О	А	Х	О	Р
А	Ж	М	В	Н	А	О	Х	А	П	М	Д	Р	А
Н	Х	Е	Е	А	Ш	Ю	Ч	Т	А	Ь	Д	Н	В
Г	М	К	Т	П	Я	М	Ц	У	Т	Я	П	Я	А
Г	Л	Л	О	П	Р	У	Ы	Т	А	Б	Ц	К	Щ
Ъ	С	Ш	К	Ы	Я	У	Х	Н	А	Ш	К	И	Ж
К	Р	Ы	Л	Ь	Ц	О	Д	Е	Р	Е	В	О	Ф

ГРАБЛИ
КУСТ
ДЕРЕВО
СКАМЬЯ
ЗАБОР
СОРНЯКИ
ЦВЕТОК
ГАРАЖ
ТРАВА
ЛУЖАЙКА

САД
ПРУД
ГАМАК
ШЛАНГ
ЛОПАТА
ПОЧВА
ТЕРРАСА
БАТУТ
КРЫЛЬЦО

76 - Comédia

```
И С Щ Р П А Р О Д И Я Х В О
С М М Г Я К Ф Ж Щ Я Л Ш Ы С
Е М П Е В Т Е А Т Р А Ч Р М
Ж Т Е Р Х Е Д Н Л Х А В А П
К Х Ц Ш О Р Ы Р Х Т У У З Ш
Л С Е М Н В Ф Н Т Х Д Ч И Н
О Р Ы Ш Ю О И Ч Б С И Г Т Ь
У Л Ъ А Ж М Й З И Л Т Ч Е М
Н Г А К Т Р И С А Ч О А Л Е
Ы Ю М О Р Ф М Г И Ц Р Н Ь В
Ж Т Е Л Е В И Д Е Н И Е Н О
Х Ы Ю Ч Г Р Я У Р Л Я Я Ы С
А П Л О Д И С М Е Н Т Ы Й Т
Ы Ъ У Ь Г Ш Ю Ш Ш У Т К И М
```

АПЛОДИСМЕНТЫ
АКТЕР
АКТРИСА
СМЕШНОЙ
ВЫРАЗИТЕЛЬНЫЙ
ЖАНР
ЮМОР
ИМПРОВИЗАЦИЯ

КЛОУНЫ
ПАРОДИЯ
ШУТКИ
АУДИТОРИЯ
СМЕХ
ТЕАТР
ТЕЛЕВИДЕНИЕ

77 - Oceano

У	Т	У	Я	К	Ю	А	Ш	Г	А	Ш	И	Ч	Д
Г	С	У	Г	Я	М	К	Ю	У	М	Ч	Е	Е	Е
О	О	Т	Н	Д	Б	У	В	Б	К	В	Е	Р	Л
Р	Л	О	Р	Е	Щ	Л	П	К	Б	А	Д	Е	Ь
Ь	Ь	К	И	И	Ц	А	Р	А	У	Я	Ю	П	Ф
В	Д	М	Ф	М	Ц	Ж	И	Ф	Р	Ы	Б	А	И
Г	О	Е	К	О	Р	А	Л	Л	Я	К	Т	Х	Н
Ы	С	Д	Д	У	Ч	Ч	И	О	Ш	Р	Ь	А	Е
Е	Ь	У	О	Т	Н	А	В	Д	Х	Е	У	Щ	Ш
Ъ	М	З	Х	Р	Ж	Т	Ы	К	Я	В	Г	Т	Ж
Ч	И	А	М	И	О	К	Р	А	Б	Е	Х	П	Я
О	Н	А	Г	Н	О	С	Д	О	У	Т	Ж	Ы	Г
Ъ	О	Ь	Ф	О	А	Р	Л	М	Ъ	К	И	Т	К
П	Г	Е	Е	К	Е	Л	Ч	И	Ю	А	Ъ	А	С

ВОДОРОСЛИ
ТУНЕЦ
КИТ
ЛОДКА
КРЕВЕТКА
КРАБ
КОРАЛЛ
УГОРЬ
ГУБКА
ДЕЛЬФИН

ПРИЛИВЫ
МЕДУЗА
УСТРИЦА
РЫБА
ОСЬМИНОГ
РИФ
СОЛЬ
ЧЕРЕПАХА
БУРЯ
АКУЛА

78 - Profissões #1

П	А	Ъ	М	Ф	Ж	У	Е	П	Г	К	В	Л	М
О	С	Я	Ф	И	Л	Ч	Ж	И	Е	Б	О	Щ	Е
Ж	Т	И	Ж	Ч	Б	Е	С	А	О	А	Д	М	Д
А	Р	Л	Х	Ч	Ю	Н	Ю	Н	Л	Н	О	У	С
Р	О	К	У	О	Г	Ы	М	И	О	К	П	З	Е
Н	Н	А	Д	Ю	Л	Й	Я	С	Г	И	Р	Ы	С
Ы	О	Р	О	В	В	О	У	Т	Ш	Р	О	К	Т
Й	М	Т	Ж	И	П	Е	Г	В	Е	Г	В	А	Р
М	Ы	О	Н	Ж	С	В	Л	Ц	Ы	У	О	Н	А
Ь	О	Г	И	К	И	Л	Ц	И	Ш	Н	Д	Т	Ц
Я	Н	Р	К	П	О	С	О	Л	Р	Д	Ч	А	Ч
А	Ы	А	Я	Т	А	Н	Ц	О	Р	Ь	И	Р	Ъ
У	Л	Ф	С	К	Б	Ш	Л	М	Ш	К	Н	Т
А	Д	В	О	К	А	Т	О	Х	О	Т	Н	И	К

АДВОКАТ	ПОСОЛ
ХУДОЖНИК	ВОДОПРОВОДЧИК
АСТРОНОМ	МЕДСЕСТРА
БАНКИР	ГЕОЛОГ
ПОЖАРНЫЙ	ЮВЕЛИР
ОХОТНИК	МОРЯК
КАРТОГРАФ	МУЗЫКАНТ
УЧЕНЫЙ	ПИАНИСТ
ТАНЦОР	ПСИХОЛОГ

79 - Campeonato

```
Ф Щ С Ч Е М П И О Н А Т М И
Г Ы М У Е Г Б Ш Г Д С О О С
П О Б Е Д А Ч Ж Л Р К Е Т П
В В Ф Ь Ш Ь Ю Ь В Ш Ы Г И О
Г Ы И К С Щ Я Щ К Б Л Ь В Р
В Ы Н О С Л И В О С Т Ь А Т
Я Х А М Е Д А Л Ь Ч Р Ь Ц И
Р Р Л А С Ы А И Ы Е Е У И В
А Щ И Н Я Ш Т Г Т М Н Т Я Н
Н Е С Д Ь Л Е А О П Е У Ж Ы
Ю Ч Т А Ы Ч М У Е И Р Р Щ Й
Ы Ш Ы Я Р Ф Л Л Ю О Я Н И Ц
С Т Р А Т Е Г И Я Н Ю И Н Р
М Ю Ь Ф Ш С Г Д Л Ф Щ Р С Б
```

ЧЕМПИОН	ЛИГА
ЧЕМПИОНАТ	МЕДАЛЬ
КОМАНДА	МОТИВАЦИЯ
СПОРТИВНЫЙ	ВЫНОСЛИВОСТЬ
СТРАТЕГИЯ	ТУРНИР
ФИНАЛИСТ	ТРЕНЕР
ИГРЫ	ПОБЕДА
СУДЬЯ	

80 - Castelos

```
К О Б Е К О Р О Н А Щ Щ Р К
Б Л А Г О Р О Д Н Ы Й М Ы А
С Щ Щ П Т Ц Е Е Щ Г И И Ц Т
Л Т М Р Н И М П Е Р И Я А А
О Д Е И Б В Д В О Р Е Ц Р П
Ш И М Н П Р И Н Ц С Т В Ь У
А Н В Ц А К О С Ю М Т Ф Ы Л
Д А Л Е Ф С Т Н Т Е Ю Ь Н Ь
Ь С Т С Т Ж Ю Ж Я Ч П Р У Т
Г Т Ж С Л А Е В Д В Б У А
Р И Ю А Б Д Р А К О Н А Ы К
Х Я Щ И Т Д Я У Х Я Ф Ш И Ю
Д О К С Ф Е О Д А Л Ь Н Ы Й
К О Р О Л Е В С Т В О Я Р С
```

БРОНЯ	КРЕПОСТЬ
КАТАПУЛЬТА	ИМПЕРИЯ
РЫЦАРЬ	БЛАГОРОДНЫЙ
ЛОШАДЬ	ДВОРЕЦ
КОРОНА	СТЕНА
ДИНАСТИЯ	ПРИНЦЕССА
ДРАКОН	ПРИНЦ
ЩИТ	КОРОЛЕВСТВО
МЕЧ	БАШНЯ
ФЕОДАЛЬНЫЙ	

81 - Escola # 2

```
Р П Н О Ж Н И Ц Ы Б О М И Н
Ю Д Р У З Ь Я С Л О В А Р Ь
К К Б И В О Ф Л К Ь У Т Ь К
З А Х У П Щ М Ф О В Ч Е Ъ О
А Л Ч Ь М А Х Ъ М К И М К Б
К Е Ю Т П А С Т П Н Т А А Р
П Н К Ц Е О Г Ы Ь И Е Т Р А
Ю Д М Т Ы Н Ы А Ю Г Л И А З
Ь А Р Д Н А И Е Т И Ь К Н О
Т Р Ъ Ж Ф У Ж Е Е М К А Д В
К Ь Щ Д С К И Г Р Ы Д Я А А
Л И Т Е Р А Т У Р А Б Л Ш Н
Б И Б Л И О Т Е К А Ю Ы Ъ И
А К А Д Е М И Ч Е С К И Й Е
```

АКАДЕМИЧЕСКИЙ	ЧТЕНИЕ
ДРУЗЬЯ	ЛИТЕРАТУРА
БИБЛИОТЕКА	КНИГИ
КАЛЕНДАРЬ	МАТЕМАТИКА
НАУКА	РЮКЗАК
КОМПЬЮТЕР	БУМАГА
СЛОВАРЬ	УЧИТЕЛЬ
ОБРАЗОВАНИЕ	ПРИПАСЫ
ИГРЫ	НОЖНИЦЫ
КАРАНДАШ	

82 - Abelhas

Э	Р	А	З	Н	О	О	Б	Р	А	З	И	Е	Ь
К	К	В	Н	Ж	У	Р	А	С	Т	Е	Н	И	Я
Р	О	О	А	Е	С	С	О	Л	Н	Ц	Е	К	Т
Ы	Р	С	С	Ц	Ф	С	А	Й	Ц	В	Е	Т	Ы
Л	О	К	Е	И	Г	И	Ф	У	Л	Е	Й	Щ	С
Ь	Л	Е	К	Х	С	Ф	Р	У	К	Т	Р	Ч	Д
Я	Е	А	О	В	Д	Т	В	Е	Л	Е	Ч	Б	С
Л	В	У	М	Е	Д	Б	Е	Н	Ю	Н	Ь	И	Ч
Я	А	Д	О	Ь	Ъ	Т	Я	М	К	И	Ж	К	С
С	Х	Я	Е	Ш	Ж	Ш	И	Т	А	Е	Ш	Т	А
У	П	Н	Л	О	Ю	Ц	П	Ы	Л	Ь	Ц	А	Д
Л	У	Ф	Д	Ь	Ю	Х	Ч	Л	Ш	А	В	Е	М
Ц	В	Ф	В	Ы	Г	О	Д	Н	Ы	Й	У	Ч	Я
Ц	Ц	К	Е	Н	М	Т	Н	Е	В	А	Ф	Ф	Ю

КРЫЛЬЯ
ВЫГОДНЫЙ
ВОСК
УЛЕЙ
РАЗНООБРАЗИЕ
ЭКОСИСТЕМА
РОЙ
ЦВЕТЕНИЕ
ЦВЕТЫ

ФРУКТ
ДЫМ
НАСЕКОМОЕ
САД
МЕД
РАСТЕНИЯ
ПЫЛЬЦА
КОРОЛЕВА
СОЛНЦЕ

83 - Banheiro

Т	Я	Д	Л	Ф	Н	О	Х	Л	Ж	С	Щ	П	Ц
У	П	О	У	В	О	Д	А	Д	Р	Ж	Е	Щ	Ч
А	Х	Х	Щ	Ш	Ж	Г	У	Б	К	А	Х	Ф	П
Л	З	И	С	А	Н	Ч	Ю	Х	Х	П	Б	Б	О
Е	Е	Л	Ж	М	И	Я	У	Л	И	Г	Л	И	Л
Т	Р	Л	Щ	П	Ц	М	Л	О	С	Ь	О	Н	О
А	К	М	Я	У	Ы	Ы	П	У	З	Ы	Р	И	Т
Р	А	О	Ы	Н	К	Л	В	А	Н	Н	А	И	Е
Щ	Л	Е	В	Ь	А	О	О	Щ	П	А	Р	П	Н
Т	О	П	Д	Р	Ф	Г	С	Ю	Р	Р	У	Ю	Ц
Н	И	Ю	Ж	Б	И	Ы	Ж	И	Ы	Ф	Г	И	Е
У	Ч	Ш	Р	Г	Ж	К	К	Т	П	Ь	И	Ъ	М
К	Р	А	Н	Л	Б	Ш	Л	О	И	Щ	Ы	Л	К
Л	И	Б	С	Г	Ш	Ф	М	Ц	Б	Щ	О	Щ	У

ВОДА
ТУАЛЕТ
ВАННА
ПУЗЫРИ
ДУШ
ЗЕРКАЛО
ГУБКА
ЛОСЬОН

ДУХИ
МЫЛО
КОВРИК
НОЖНИЦЫ
ПОЛОТЕНЦЕ
КРАН
ПАР
ШАМПУНЬ

84 - Ciência

А	Р	С	Е	М	П	Р	И	Р	О	Д	А	Н	И
Т	Т	Д	Ф	И	З	И	К	А	Б	Ь	Т	Л	С
Ю	С	О	Ь	Н	О	Р	Г	А	Н	И	З	М	К
Ь	Ы	П	М	Е	Г	И	П	О	Т	Е	З	А	О
В	Ш	Г	Г	Р	А	В	И	Т	А	Ц	И	Я	П
К	Л	И	М	А	Т	Ч	А	Б	Ш	Б	Ч	Д	А
А	Н	А	Б	Л	Ю	Д	Е	Н	И	Е	В	А	Е
М	Ь	А	Г	Ы	Р	И	Н	Ф	В	К	Ф	Н	М
Л	А	Б	О	Р	А	Т	О	Р	И	Я	В	Н	О
Ь	С	Ф	Л	П	М	О	Л	Е	К	У	Л	Ы	Е
У	Ч	Е	Н	Ы	Й	Е	И	К	У	Ш	Ю	Е	В
О	Л	Ф	Щ	Р	А	С	Т	Е	Н	И	Я	Ж	Ч
Ч	А	С	Т	И	Ц	Ы	Ц	О	П	М	Ы	М	С
Э	В	О	Л	Ю	Ц	И	Я	Д	Д	Ф	А	К	Т

АТОМ
УЧЕНЫЙ
КЛИМАТ
ДАННЫЕ
ЭВОЛЮЦИЯ
ФАКТ
ФИЗИКА
ИСКОПАЕМОЕ
ГРАВИТАЦИЯ
ГИПОТЕЗА

ЛАБОРАТОРИЯ
МЕТОД
МИНЕРАЛЫ
МОЛЕКУЛЫ
ПРИРОДА
НАБЛЮДЕНИЕ
ОРГАНИЗМ
ЧАСТИЦЫ
РАСТЕНИЯ

85 - Cores

```
П Ж Б Ц Щ Ш Ш У Ь Ч А Р С Ы
У С Е П И Я В О С Б И И Е Г
Р Ю Ж Л Ц Д Е З Д Е Г П Р Ы
П А Е М Т Г Т Е К Л Ю Ъ Ы Д
У С В И Ф Ы И Л О Ы Ц Ф Й М
Р Х Ы О М И Й Е Р Й И И Р И
Н О Й Б П С И Н И Й А О Ф К
Ы Ы З П С В У Ы Ч К Н Л М Е
Й Р Н О Т Ц Т Й Н Р Ь Е М Ш
Х Ц Р Ц В П Ф Г Е А Ъ Т Е Ш
В Ь Ц А Ы Ы Ф Д В С Х О Ь У
Ф У К С И Я Й Я Ы Н Ж В О Н
В Н Ч Е Р Н Ы Й Й Ы Ю Ы Ы К
О Р А Н Ж Е В Ы Й Й Ж Й Б Е
```

ЖЕЛТЫЙ	ПУРПУРНЫЙ
СИНИЙ	КОРИЧНЕВЫЙ
БЕЖЕВЫЙ	ЧЕРНЫЙ
БЕЛЫЙ	РОЗОВЫЙ
ЦИАН	ФИОЛЕТОВЫЙ
СЕРЫЙ	СЕПИЯ
ФУКСИЯ	ЗЕЛЕНЫЙ
ОРАНЖЕВЫЙ	КРАСНЫЙ

86 - Comida #1

```
Т О Р Т П Т М Б Ш Х Ч Х Щ Ш
С А Х А Р А О А Л Ж Е П Е К
Ь Ы П Е А У Р З Ы Ъ С О Л Ь
Ь У У Щ Л У К И У Я Н У Ы Ф
Ф Б Ы П Т Д О Л Р Ч О Х П И
Ф Т С Х Е Х В И С М К И У А
Ы У Ы Ъ Ю К Ь К Л Е О С О К
П Н Е Ф С А Л А Т Н Р В Ш Ь
Р Е П А А М И У Ъ Ь И Ж П Е
К Ц Ф Б Р Р М Ь Б Ъ Ц Щ И С
Б Ж Щ Н А Н О Ъ Ц Н А Н Н Ч
С Д Г Т Х Д Н Ч Ю А И Ь А М
О М К П И М О Л О К О К Т Г
Д О И Ь С А Б Р И К О С А Т
```

САХАР	ШПИНАТ
ЧЕСНОК	МОЛОКО
АРАХИС	ЛИМОН
ТУНЕЦ	БАЗИЛИК
ТОРТ	КЛУБНИКА
КОРИЦА	РЕПА
ЛУК	СОЛЬ
МОРКОВЬ	САЛАТ
ЯЧМЕНЬ	СУП
АБРИКОС	СОК

87 - Pássaros

А	С	Ч	Ь	Ц	Ъ	И	Д	К	Щ	Х	Я	Л	Л
Ф	Л	А	М	И	Н	Г	О	П	А	В	Л	И	Н
Х	О	Й	А	И	С	Т	Т	И	У	Т	К	А	Ц
В	Ш	К	У	Р	И	Ц	А	Н	Ы	Х	Я	И	А
П	О	А	Ж	Ю	Г	Ш	В	Г	О	Л	У	Б	Ь
С	Т	Р	А	У	С	П	О	В	У	М	Ь	А	К
Л	П	Х	О	Н	Е	О	Р	И	Т	С	Ч	Х	У
Т	Е	Ъ	С	Н	Ю	П	О	Н	О	Щ	Ь	Ш	К
У	Л	Б	У	Ч	А	У	Б	К	К	Ф	Ж	Д	У
К	И	Ь	Е	Ь	У	Г	Е	Ц	А	П	Л	Я	Ш
А	К	Р	Я	Д	Я	А	Й	Я	Ц	О	Ж	К
Н	А	Ж	Х	Я	Ь	Й	Ъ	К	Щ	У	Р	С	А
К	Н	Щ	Я	В	М	М	Ц	П	Ш	Р	Е	Л	Ш
Х	Р	Г	Ы	Ы	Ч	К	Д	С	Д	В	Л	Щ	Д

СТРАУС	ЦАПЛЯ
ОРЕЛ	ЯЙЦО
АИСТ	ПОПУГАЙ
ЛЕБЕДЬ	ВОРОБЕЙ
ВОРОНА	УТКА
КУКУШКА	ПАВЛИН
ФЛАМИНГО	ПЕЛИКАН
КУРИЦА	ПИНГВИН
ЧАЙКА	ГОЛУБЬ
ГУСЬ	ТУКАН

88 - Virtudes #1

```
П П Х О Р О Ш И Й Л Н П Э Щ
О Т А П И У Ш О Ж Ю Е Р Ф Я
Л Г С Ц Ч В Ь Г С Б З А Ф М
Е Л К С И Р К Б Р О А К Е Р
З В Р Т С Е А Ь Ч П В Т К Ъ
Н И О Р Т Ш Н Щ У Ы И И Т Ю
Ы Ь М А Ы И Ж Т В Т С Ч И М
Й О Н С Й Т С Ю Е Н И Е В У
К О Ы Т Ф Е В М Р Ы М С Н Д
Ы Ф Й Н Г Л Ч Н Е Й Ы К Ы Р
У М Н Ы Й Ь Ц Ю Н Ш Й И Й Ы
Т П Ц Й Ы Н Ж Т Н Ь Н Й В Й
И Щ Е Д Р Ы Й Г Ы С А О Г Щ
Р Г С Х К Й Б О Й Ь У Ч Й Н
```

СТРАСТНЫЙ	НЕЗАВИСИМЫЙ
ХОРОШИЙ	УМНЫЙ
УВЕРЕННЫЙ	ЧИСТЫЙ
ЛЮБОПЫТНЫЙ	СКРОМНЫЙ
РЕШИТЕЛЬНЫЙ	ПАЦИЕНТ
ЭФФЕКТИВНЫЙ	ПРАКТИЧЕСКИЙ
СМЕШНОЙ	МУДРЫЙ
ЩЕДРЫЙ	ПОЛЕЗНЫЙ

89 - Literatura

```
Х  Р  О  Б  Я  Ь  А  П  Ч  К  И  С  И  Ч
Х  И  У  Б  Ч  Ч  А  В  О  У  Ж  С  Ш  Б
Ж  Ф  К  Ы  С  Ь  Х  Ц  Т  Э  Ы  Д  К  Р
Р  М  Б  С  С  Т  И  Л  Ь  О  Т  Е  М  А
А  А  И  Б  Т  Е  И  С  З  Д  Р  И  Т  М
С  Б  О  Р  Г  И  П  С  А  И  Р  М  К  У
С  Ф  Г  Ч  Ь  Р  Х  Ы  К  А  О  Е  И  А
К  М  Р  М  Д  Ц  Е  Ш  Л  М  Т  Ц  Н
А  Н  А  Л  О  Г  И  Я  Ю  О  А  А  Т  А
З  Е  Ф  И  С  А  Ю  В  Ч  Г  Н  Ф  Р  Л
Ч  Н  И  Ф  В  И  А  Н  Е  К  Д  О  Т  И
И  И  Я  Ц  О  Т  Ц  И  Н  Ц  Ф  Р  Ь  З
К  Е  К  Ю  П  Ч  Ъ  Г  И  П  У  А  Ы  М
О  П  И  С  А  Н  И  Е  Е  Ь  Ц  И  С  Ж
```

АНАЛОГИЯ	МЕТАФОРА
АНАЛИЗ	РАССКАЗЧИК
АНЕКДОТ	МНЕНИЕ
АВТОР	СТИХ
БИОГРАФИЯ	ПОЭТИКА
ЗАКЛЮЧЕНИЕ	РИФМА
ОПИСАНИЕ	РИТМ
ДИАЛОГ	РОМАН
СТИЛЬ	ТЕМА

90 - Clima

```
У  М  Ф  Ш  Н  С  Ч  К  Л  И  М  А  Т  Ж
Г  Р  О  М  А  Е  Ю  Р  Е  Б  У  Р  Я  О
Л  Р  М  М  Т  Г  Б  Ж  Д  Ч  Ж  Д  У  О
Т  Ц  Щ  У  М  В  Р  О  Ь  Ю  О  Ш  А  Б
О  Е  Т  Р  О  П  И  Ч  Е  С  К  И  Й  Л
Р  С  М  Р  С  Д  З  А  С  У  Х  А  У  А
Н  У  О  П  Ф  Ш  К  Н  И  Щ  Ю  У  Р  К
А  Х  Л  Е  Е  М  У  С  С  О  Н  Т  А  О
Д  О  Н  М  Р  Р  Р  А  Д  У  Г  А  Г  Т
О  Й  И  Ь  А  Я  А  В  П  М  Ч  Ф  А  У
Н  У  Я  Ш  О  С  Д  Т  Е  Д  С  Ж  Н  М
П  О  Л  Я  Р  Н  Ы  Й  У  Т  Б  Ь  Р  А
П  Ы  Т  И  Ъ  О  И  Ь  Л  Р  Е  Щ  А  Н
Ч  Т  Х  Ю  П  П  Ф  К  К  С  А  Р  Е  Д
```

РАДУГА	ПОЛЯРНЫЙ
АТМОСФЕРА	МОЛНИЯ
БРИЗ	ЗАСУХА
НЕБО	СУХОЙ
КЛИМАТ	ТЕМПЕРАТУРА
УРАГАН	БУРЯ
ЛЕД	ТОРНАДО
МУССОН	ТРОПИЧЕСКИЙ
ТУМАН	ГРОМ
ОБЛАКО	ВЕТЕР

91 - Tecnologia

```
К  М  Ы  Х  Л  К  Ф  Н  Т  Ю  К  Л  Х  Д
В  И  Р  Т  У  А  Л  Ь  Н  Ы  Й  Ю  Ф  Б
И  Р  И  Р  П  М  Щ  Л  Ч  Н  Ч  Ц  Х  Е
К  И  С  С  Л  Е  Д  О  В  А  Н  И  Е  З
Т  О  Е  Л  Т  Р  А  Э  Ш  Р  И  Ф  Т  О
У  Т  М  У  М  А  Н  К  В  У  Б  Р  О  П
К  Н  Ъ  П  Ъ  Ь  Н  Р  И  Б  Р  О  И  А
Б  У  Р  С  Ь  Р  Ы  А  Р  У  А  В  Н  С
А  А  Р  Е  И  Ю  Е  Н  У  Ю  У  О  Т  Н
К  К  Й  С  Ъ  К  Т  Х  С  Б  З  Й  Е  О
Ф  Л  А  Т  О  М  Ч  Е  П  Л  Е  У  Р  С
Ф  А  Й  Л  О  Р  Л  Щ  Р  О  Р  Х  Н  Т
Ы  Е  Д  В  Л  В  Ц  Н  Р  Г  А  Г  Е  Ь
К  У  С  Т  А  Т  И  С  Т  И  К  А  Т  П
```

ФАЙЛ	ШРИФТ
БЛОГ	ИНТЕРНЕТ
БАЙТОВ	БРАУЗЕРА
КАМЕРА	ИССЛЕДОВАНИЕ
КОМПЬЮТЕР	БЕЗОПАСНОСТЬ
КУРСОР	ЭКРАН
ДАННЫЕ	ВИРТУАЛЬНЫЙ
ЦИФРОВОЙ	ВИРУС
СТАТИСТИКА	

92 - Arte

```
Т  И  Х  К  Г  П  Л  И  Ю  Ж  О  В  Н  К
Щ  Е  З  П  С  Л  О  Ж  Н  Ы  Й  Д  А  Ы
Х  С  М  О  Ш  Л  Р  Э  Я  Ч  Ш  О  С  С
У  А  Б  А  Б  Ъ  Ш  Р  З  Ж  Р  Х  Т  О
Т  Г  Н  И  Ы  Р  П  Ш  Ф  И  Г  Н  Р  С
Ш  Ь  У  Н  К  А  А  Ф  Х  Ж  Я  О  О  Т
Ч  Е  С  Т  Н  Ы  Й  Ж  В  Л  Ю  В  Е  А
О  Р  И  Г  И  Н  А  Л  А  Г  В  Л  Н  В
В  Ы  Р  А  Ж  Е  Н  И  Е  Т  Т  Е  И  Ф
С  К  У  Л  Ь  П  Т  У  Р  А  Ь  Н  Е  И
С  Ю  Р  Р  Е  А  Л  И  З  М  Я  Н  Е  Г
С  И  М  В  О  Л  Б  С  Ш  А  Г  Ы  Ч  У
К  Е  Р  А  М  И  Ч  Е  С  К  И  Й  Я  Р
С  П  Р  О  С  Т  О  Й  Л  Ч  Ш  Щ  Ъ  А
```

КЕРАМИЧЕСКИЙ
СЛОЖНЫЙ
СОСТАВ
СКУЛЬПТУРА
ВЫРАЖЕНИЕ
ФИГУРА
ЧЕСТНЫЙ
НАСТРОЕНИЕ

ВДОХНОВЛЕННЫЙ
ОРИГИНАЛ
ПОЭЗИЯ
ИЗОБРАЖАТЬ
ПРОСТОЙ
СИМВОЛ
ТЕМА
СЮРРЕАЛИЗМ

93 - Dinossauros

Р	Х	Ы	Щ	Ъ	Ч	Б	П	К	И	П	Р	Я	В
М	Е	В	Я	Ы	Ъ	Ж	Л	Б	С	О	Х	Ф	И
О	И	П	О	Н	Ж	С	П	О	К	Р	Е	Я	Д
Г	С	В	Т	С	И	Ф	Ъ	Л	О	О	Л	Н	Ъ
Р	Ч	Ф	Р	И	Т	В	Н	Ь	П	Ч	А	Ъ	М
О	Е	Я	Ъ	А	Л	О	Г	Ш	А	Н	Е	М	О
М	З	Б	А	Д	З	И	Е	О	Е	Ы	Ч	В	Щ
Н	Н	Щ	Р	О	Е	М	Я	Й	М	Й	Ж	Ц	Н
Ы	О	М	Ф	Б	М	Н	Е	Ш	Ы	Д	Р	Ч	Ы
Й	В	К	Р	Ы	Л	Ь	Я	Р	Е	К	Г	Х	Й
И	Е	Л	С	Ч	Я	Э	В	О	Л	Ю	Ц	И	Я
Т	Н	Т	Р	А	В	О	Я	Д	Н	О	Е	Р	И
П	И	В	С	Е	Я	Д	Н	Ы	Й	А	Ж	Е	Ж
Ы	Е	Х	У	М	А	М	О	Н	Т	Ю	У	Ц	Е

КРЫЛЬЯ
ХВОСТ
ИСЧЕЗНОВЕНИЕ
ОГРОМНЫЙ
ВИД
ЭВОЛЮЦИЯ
ИСКОПАЕМЫЕ
БОЛЬШОЙ
ТРАВОЯДНОЕ

МАМОНТ
ВСЕЯДНЫЙ
МОЩНЫЙ
ДОБЫЧА
РЕПТИЛИЯ
РАЗМЕР
ЗЕМЛЯ
ПОРОЧНЫЙ

94 - Esportes

```
Г Т П У Ч Б Л Г Н Я В Ч У К
И Е О С Р Щ Ф Х О К К Е Й Я
М Н Б В П Ш Н У Х Х О М В О
Н Н Е Е П О Ф Б У Ь М П К С
А И Д Л Ш Я Р И Г У А И Е Б
З С И О Ы Н С Т И Ф Н О Ю Е
И У Т С Х Т Ж Т С Щ Д Н Д Й
Я Д Е И Г Р О К А М А А В С
Л Ь Л П О Е Е Л Ш Д Е Т И Б
Щ Я Ь Е Л Н А Р Д Х И Н Ж О
Ь Б Щ Д Ь Е Ы М Е Ъ Г О Е Л
П С Ч Ж Ф Р Щ В Ю Е Р Н Н Ж
Г И М Н А С Т И К А А А И Г
Б А С К Е Т Б О Л Х Ю Ч Е Д
```

СПОРТСМЕН	ГИМНАЗИЯ
СУДЬЯ	ГИМНАСТИКА
БАСКЕТБОЛ	ГОЛЬФ
БЕЙСБОЛ	ХОККЕЙ
ВЕЛОСИПЕД	ИГРОК
ЧЕМПИОНАТ	ИГРА
КОМАНДА	ДВИЖЕНИЕ
СТАДИОН	ТЕННИС
ПОБЕДИТЕЛЬ	ТРЕНЕР

95 - Comida # 2

```
Р  Я  Ы  Т  П  Б  В  М  Н  Ч  Н  Е  Ю  В
Ы  Й  Ц  Д  Р  М  И  Н  Д  А  Л  Ь  Я  Е
Б  Ц  У  Е  К  Ж  Ш  О  К  О  Л  А  Д  Т
А  О  Ч  Р  Ю  Е  Н  Ы  И  Ь  М  Р  Х  Ч
Т  Г  Ц  И  В  Ц  Я  Ж  В  В  Г  Т  Щ  И
Р  М  Н  П  И  Т  Ь  Б  И  И  Ж  И  Ъ  Н
Й  О  Г  У  Р  Т  Б  А  Л  Н  У  Ш  П  А
С  Б  А  Р  И  С  А  К  Ь  О  Т  О  О  Х
Ж  Ы  Ш  В  С  Ц  Н  Л  Р  Г  К  К  М  Н
С  Ц  Р  Т  П  В  А  А  Б  Р  У  О  И  О
Г  Р  И  Б  Д  Н  Н  Ж  Е  А  Р  Л  Д  Ь
В  П  Ш  Е  Н  И  Ц  А  Т  Д  И  П  О  И
П  У  Н  Ы  Г  Ш  О  Н  Ц  Л  Ц  М  Р  К
Ю  Х  Б  Р  О  К  К  О  Л  И  А  Я  Ж  П
```

АРТИШОК	ЙОГУРТ
МИНДАЛЬ	КИВИ
РИС	ЯБЛОКО
БАНАН	ЯЙЦО
БАКЛАЖАН	РЫБА
БРОККОЛИ	ВЕТЧИНА
ВИШНЯ	СЫР
ШОКОЛАД	ПОМИДОР
ГРИБ	ПШЕНИЦА
КУРИЦА	ВИНОГРАД

96 - Barcos

```
Ю Д М К А Н О Э В А Б Л М О
Ц П И Р Н Э К И П А Ж У Ю З
Р О Ж М Н В Е Р Е В К А Й Е
Ж С Д М Д В А Ф Н Я Ы О Х Р
М Х Е О В О Н О Щ Х К М С О
П Р П Р И Л И В П Т Д О К Щ
Т Е Ф Я Г Р Б О Л А Щ Р Р Ж
М К Ф К А Ю Я Л О Х И С У Ь
П А И П Т Л Е Н Т Д Ч К Н Л
Л А Е О Е П Д Ы Ж К М О Р Е
Ь О Р С Л Ы Т К А Я К Й К Ш
Р Ш Л О Ь М Н К Д К А А М Ы
М В Т Н М А Ч Т А Ю П Ь Х Ъ
Х О Н Щ Ъ Д В В Ж Л С П Ш Ч
```

ЯКОРЬ	МОРЕ
ПАРОМ	ПРИЛИВ
БУЙ	МОРЯК
КАЯК	МАЧТА
КАНОЭ	ДВИГАТЕЛЬ
ВЕРЕВКА	МОРСКОЙ
ДОК	ОКЕАН
ЯХТА	ВОЛНЫ
ПЛОТ	РЕКА
ОЗЕРО	ЭКИПАЖ

97 - Outono

П	Х	К	Ж	Г	Ъ	П	К	Ч	Ш	Б	Л	К	С
М	Р	Л	Ш	А	Ч	О	А	Я	В	Т	Е	Ш	С
О	Ю	И	Г	Б	Х	Ж	Ш	И	О	Х	Ъ	И	У
Р	В	М	Р	Ф	Я	А	Т	Ж	Д	П	И	И	Г
О	Ю	А	С	О	Н	Р	А	М	Е	С	Я	Ц	Ы
З	Щ	Т	О	Т	Д	Ы	Н	С	Ж	Л	Ц	Ф	В
В	М	Г	Б	Л	Ы	А	Ы	Е	Д	Ю	У	Н	Ь
М	И	Г	Р	А	Ц	И	Я	З	А	Щ	Щ	Д	Л
Е	Е	Н	Ч	О	Ю	А	Г	О	Ь	С	Е	И	Ь
Б	Я	Б	Л	О	К	И	Х	Н	Ф	Ф	У	Е	Х
Ч	Р	А	В	Н	О	Д	Е	Н	С	Т	В	И	Е
П	О	Г	О	Д	А	Х	Я	Ы	Х	А	И	А	Ж
Ы	Е	Ю	Ф	Ь	Г	А	К	Й	Ч	Н	Д	Ъ	Е
Ъ	Н	Я	М	Ф	Е	С	Т	И	В	А	Л	Ь	Г

ЖЕЛУДЬ
КАШТАНЫ
КЛИМАТ
РАВНОДЕНСТВИЕ
ФЕСТИВАЛЬ
МОРОЗ
ПОЖАРЫ
ЯБЛОКИ

МЕСЯЦЫ
МИГРАЦИЯ
ПРИРОДА
САД
ОДЕЖДА
СЕЗОННЫЙ
ПОГОДА

98 - Piratas

О	П	Э	З	О	Л	О	Т	О	А	Ы	Х	Ч	А
П	Р	К	П	К	Л	Д	Ц	Щ	Д	Г	Н	К	С
А	И	И	Я	Е	И	Ф	К	П	Б	У	Я	А	О
С	К	П	В	А	Ш	Ь	М	Л	Д	В	К	П	К
Н	Л	А	Ц	Н	Ч	Б	В	О	Е	Д	О	И	Р
О	Ю	Ж	Ш	С	Е	К	Н	Х	Н	Ц	Р	Т	О
С	Ч	К	А	Р	Т	А	Е	О	С	Е	Ь	А	В
Т	Е	Б	П	Щ	А	У	Ш	Й	Щ	П	Т	Н	И
Ь	Н	Е	О	К	О	М	П	А	С	Е	Ь	Ы	Щ
М	И	Ъ	П	У	С	Г	Ч	Н	Ф	Щ	О	И	Е
М	Е	Ь	У	С	Т	Ы	Т	К	Б	Е	Р	У	А
Щ	Р	В	Г	Ъ	Р	П	Л	Я	Ж	Р	Л	О	Д
Р	П	Ц	А	Ш	О	Ш	Ъ	Ъ	У	А	Л	Ф	М
М	Е	Ч	Й	К	В	Л	Е	Г	Е	Н	Д	А	Ы

ПРИКЛЮЧЕНИЕ
ЯКОРЬ
КОМПАС
КАПИТАН
ПЕЩЕРА
ШРАМ
МЕЧ
ОСТРОВ
ЛЕГЕНДА
КАРТА

ПЛОХОЙ
МОНЕТЫ
ОКЕАН
ЗОЛОТО
ПОПУГАЙ
ОПАСНОСТЬ
ПЛЯЖ
РОМ
СОКРОВИЩЕ
ЭКИПАЖ

99 - Mamíferos

Б	Ш	О	Ъ	П	Х	Л	Щ	Д	Ц	Б	Ъ	Ч	Ф
Ы	В	Р	Б	Л	Ч	Е	Ф	М	В	Ч	М	Д	Я
К	Ю	С	Н	Т	Ь	Х	Л	К	О	Й	О	Т	К
Д	Е	Л	Ь	Ф	И	Н	М	О	В	Ц	А	О	Р
Р	М	О	В	П	Ж	Ы	В	Ш	Ш	М	Ж	Б	О
Д	Ц	Н	Ь	М	Ю	И	Е	К	Н	А	Г	Е	Л
К	Е	Н	Г	У	Р	У	Р	А	Ж	Б	Д	З	И
И	Е	В	И	Б	И	К	Б	А	Б	К	Е	Ь	К
Т	П	Г	О	Р	И	Л	Л	А	Ф	Б	П	Я	В
О	Л	Е	В	Л	У	Ю	Ю	М	Ч	Б	К	Н	А
Д	И	Б	Л	Е	К	Х	Д	З	Е	Б	Р	А	Е
Е	С	О	Б	А	К	А	О	Ь	С	Ъ	Т	Ц	С
О	А	Б	Л	В	Ц	К	М	Ч	Д	Б	Ъ	Щ	Ъ
Л	У	Р	Ф	С	Д	Д	Ц	Т	К	Б	Ю	М	Ч

КИТ
ВЕРБЛЮД
КЕНГУРУ
БОБР
ЛОШАДЬ
СОБАКА
КРОЛИК
КОЙОТ
СЛОН
КОШКА

ЖИРАФ
ДЕЛЬФИН
ГОРИЛЛА
ЛЕВ
ВОЛК
ОБЕЗЬЯНА
ОВЦА
ЛИСА
БЫК
ЗЕБРА

100 - Atividades e Lazer

И	С	К	У	С	С	Т	В	О	Д	У	И	Р	К
С	П	Л	А	В	А	Н	И	Е	Н	Ж	У	А	Е
Р	А	Ц	Ш	Б	П	М	Х	О	Б	Б	И	С	М
Ы	Г	Д	Н	Ы	Р	Я	Н	И	Е	О	С	С	П
Б	А	О	О	В	Я	Г	Ш	Р	Й	К	Е	Л	И
Н	Р	В	Л	В	О	Р	Ф	П	С	С	Р	А	Н
А	Е	Я	В	Ь	О	Л	Ч	Р	Б	Ъ	Ф	Б	Г
Я	У	Д	Ф	Н	Ф	Д	Е	И	О	Б	И	Л	Ч
Л	Г	Т	Е	Н	Н	И	С	Й	Л	Ж	Н	Я	Л
О	Ю	К	Д	Ь	Ж	И	Ч	Т	Б	И	Г	Ю	Е
В	Г	О	Н	О	Ч	Н	Ы	Й	В	О	Щ	Щ	Т
Л	Ф	У	Т	Б	О	Л	Щ	Ц	Я	О	Л	И	Н
Я	П	Е	Ш	И	Й	Т	У	Р	И	З	М	Й	Т
Б	А	С	К	Е	Т	Б	О	Л	Ы	Л	Ъ	Б	У

КЕМПИНГ
ИСКУССТВО
БАСКЕТБОЛ
БЕЙСБОЛ
БОКС
ПЕШИЙ ТУРИЗМ
ГОНОЧНЫЙ
ФУТБОЛ
ГОЛЬФ

ХОББИ
САДОВОДСТВО
НЫРЯНИЕ
ПЛАВАНИЕ
РЫБНАЯ ЛОВЛЯ
РАССЛАБЛЯЮЩИЙ
СЕРФИНГ
ТЕННИС
ВОЛЕЙБОЛ

1 - Dirigindo

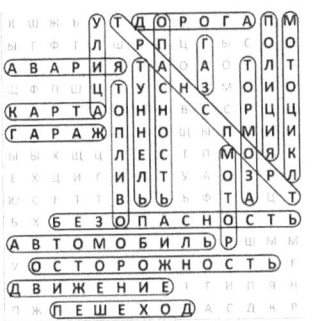

2 - Atividades

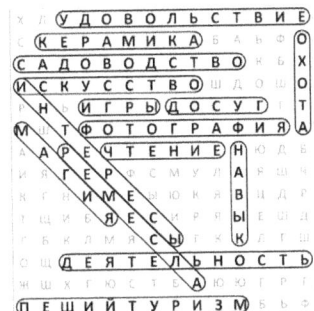

3 - Churrascos

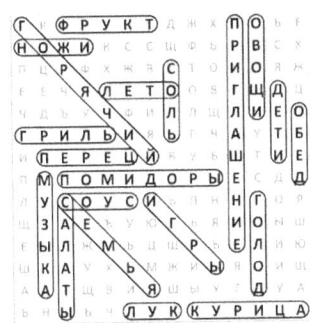

4 - Pesca

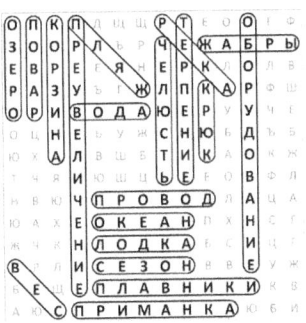

5 - Geologia

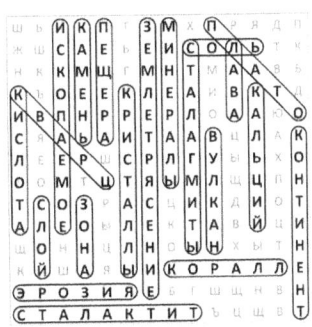

6 - Tempo

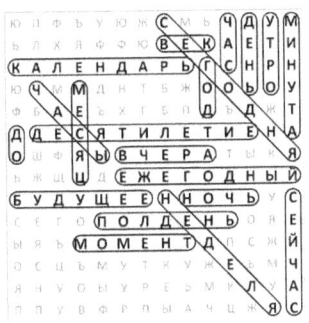

7 - Astronomia

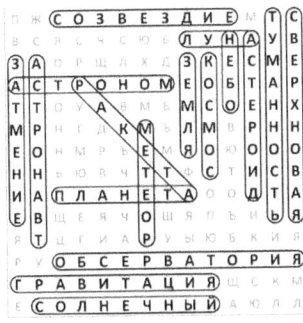

8 - Circo

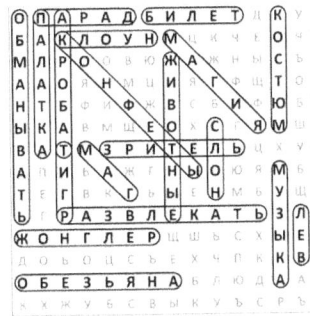

9 - Acampamento

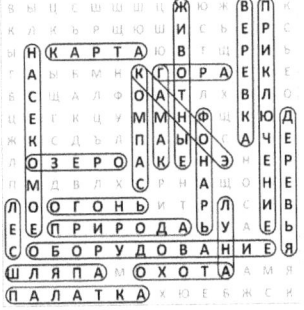

10 - Emoções

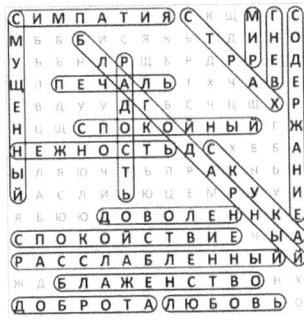

11 - Ficção Científica

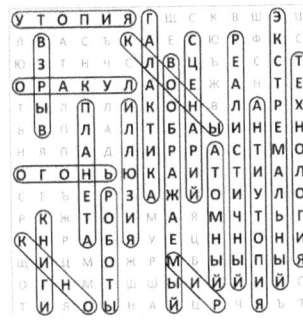

12 - Mitologia

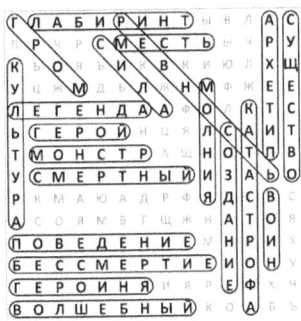

13 - Medições

14 - Plantas

15 - Veículos

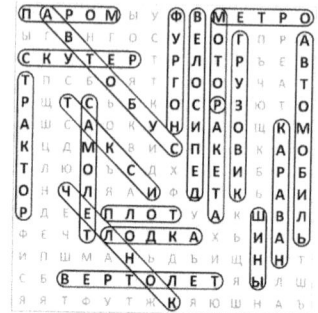

16 - Restaurante # 2

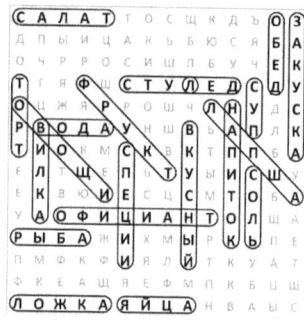

17 - Países #2

18 - Cozinha

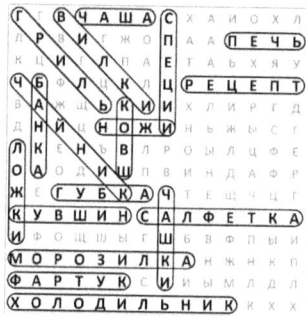

19 - Brinquedos

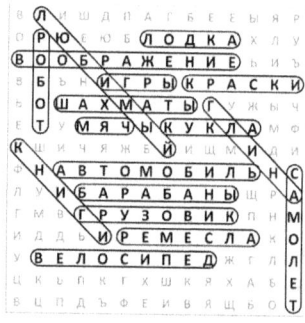

20 - Verão

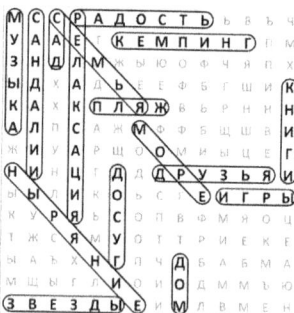

21 - Material de Arte

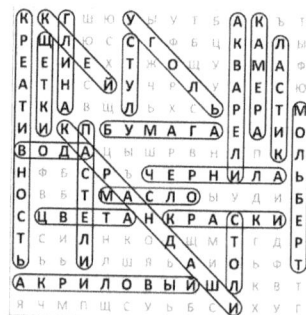

22 - Números

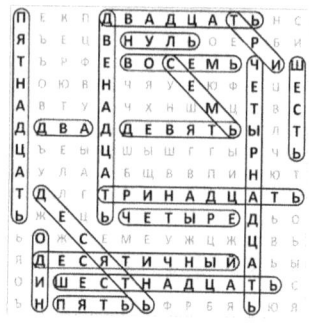

23 - Especiarias

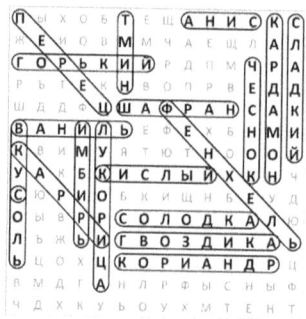

24 - Aniversário

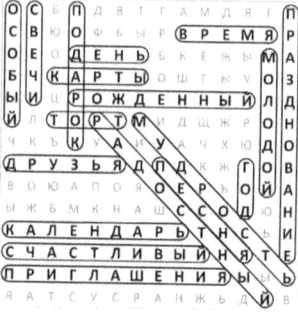

25 - Casa
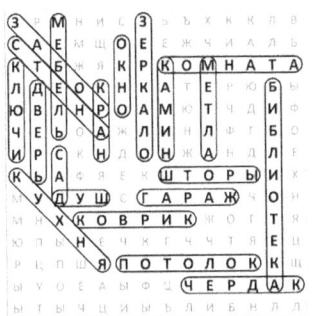

26 - Vegetais
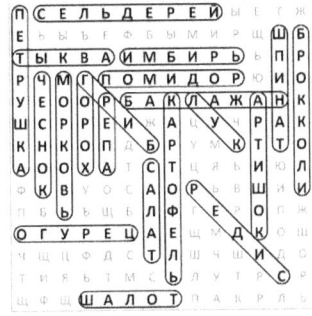

27 - Balé
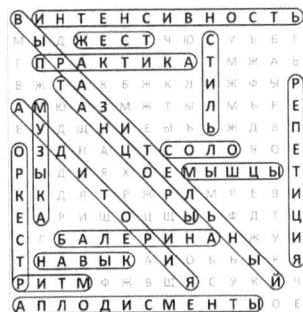

28 - Adjetivos #1
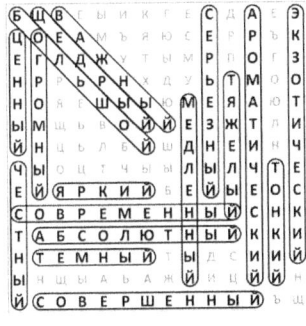

29 - Insetos
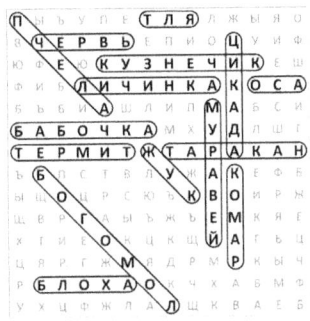

30 - Paisagens
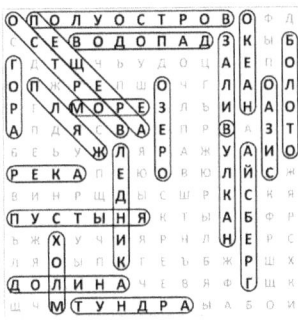

31 - Dança
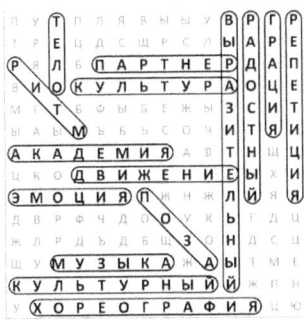

32 - Nutrição
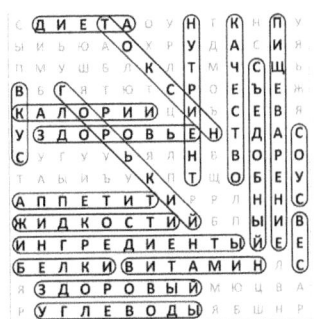

33 - Disciplinas Científicas

34 - Meditação
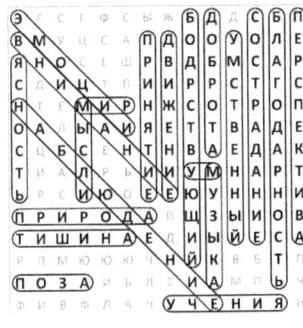

35 - Gatos
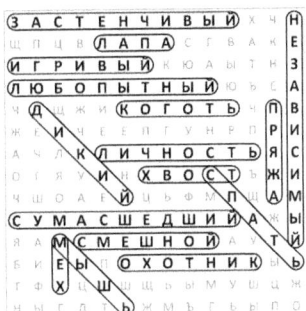

36 - Artes Visuais

37 - Instrumentos Musicais

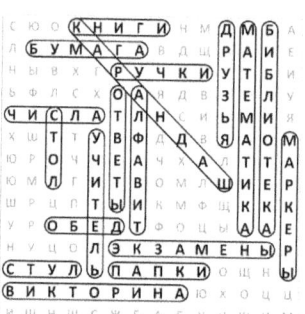

38 - Escola #1

39 - Adjetivos #2

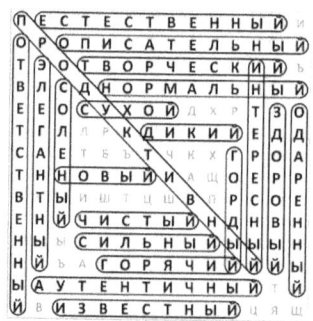

40 - Roupas

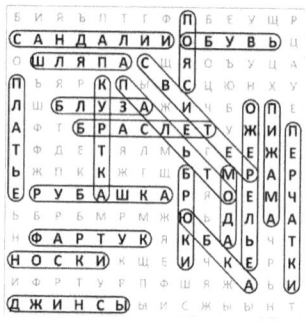

41 - Herbalismo

42 - Frutas

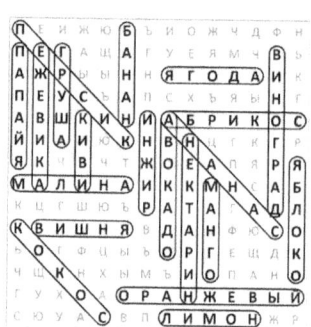

43 - Corpo Humano

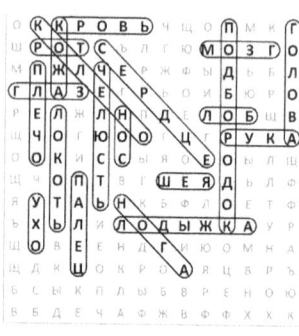

44 - Restaurante #1

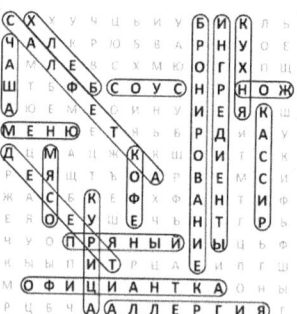

45 - Caminhada

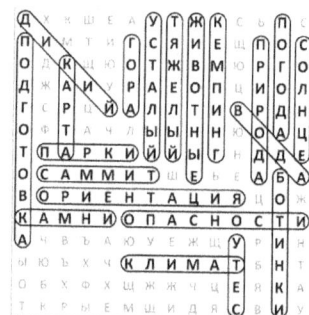

46 - Água

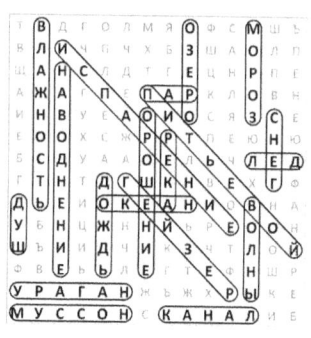

47 - Sons

48 - Ecologia

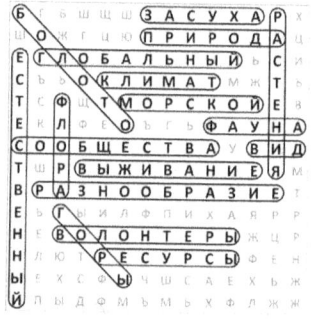

49 - Família

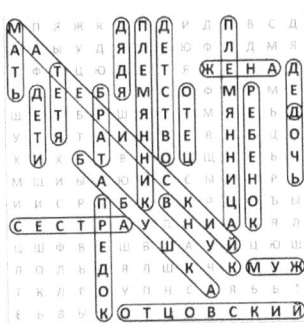

50 - Férias #2

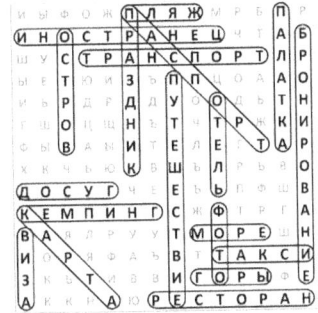

51 - Edifícios

52 - Praia

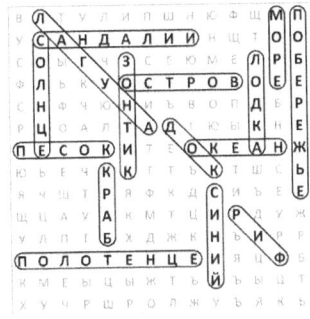

53 - Xadrez

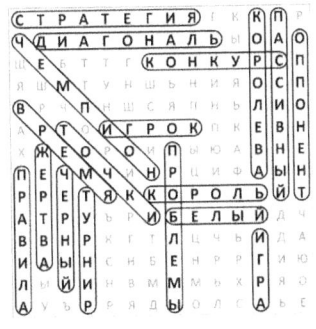

54 - Aventura

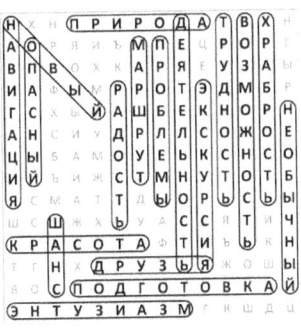

55 - Surf

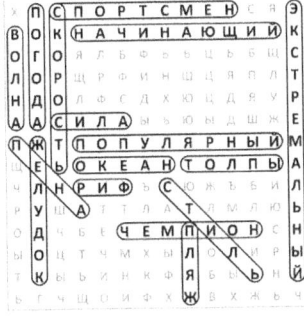

56 - Floresta Tropical

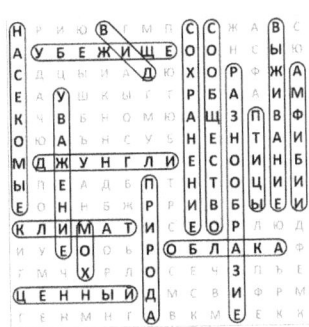

57 - Cidade

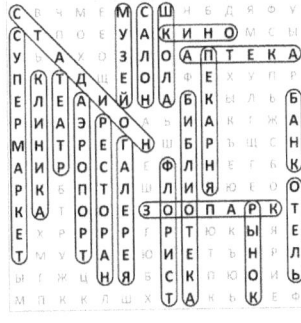

58 - Matemática

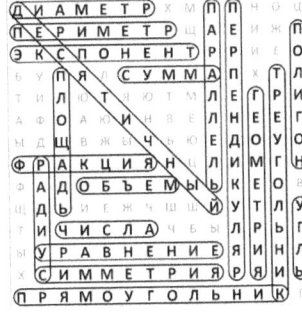

59 - Natureza

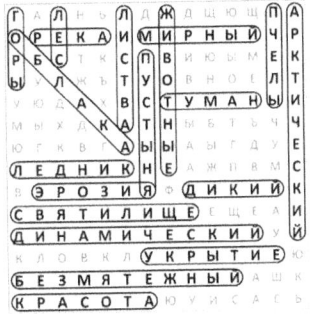

60 - Preencher

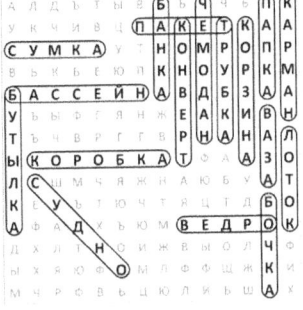

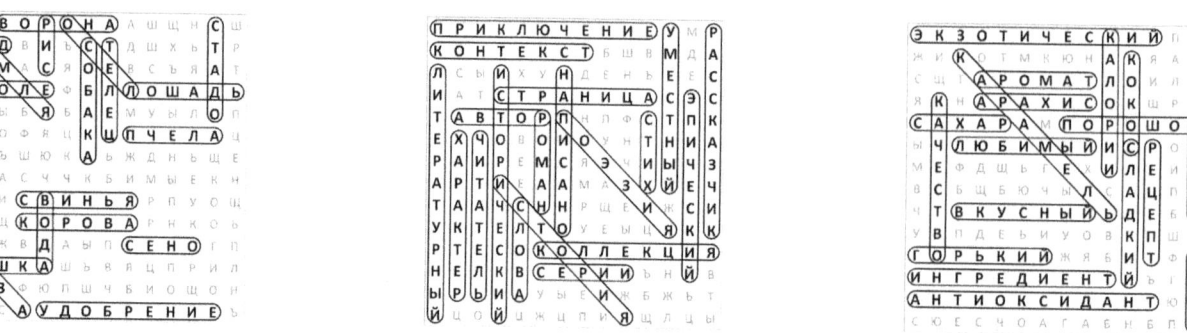

61 - Animais de Estimação

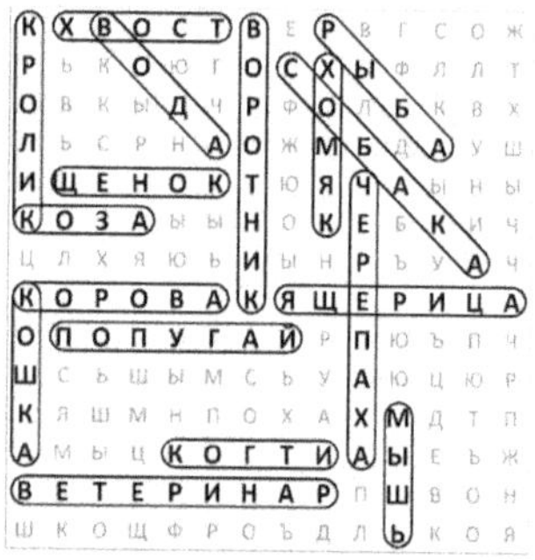

62 - Escalada

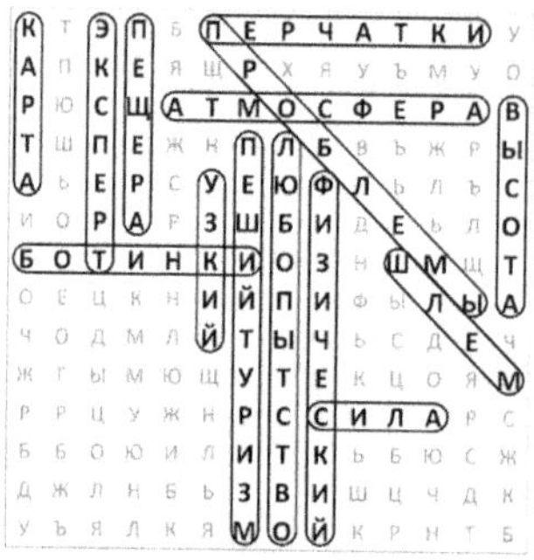

63 - Aviões

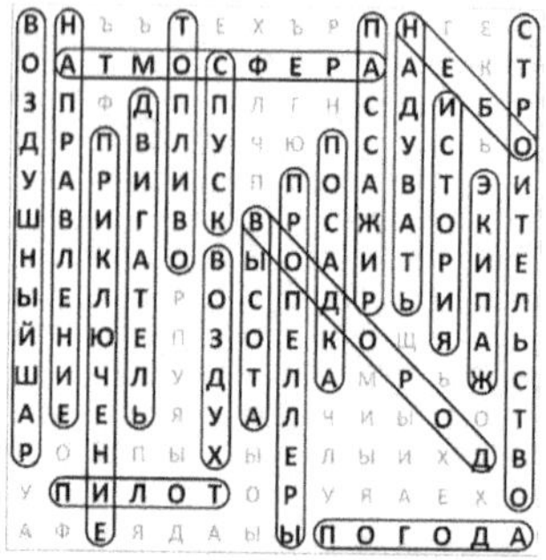

64 - Tipos de Cabelo

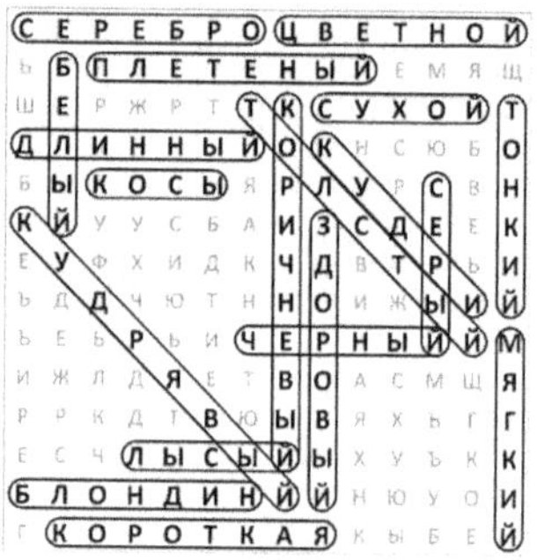

65 - Formas

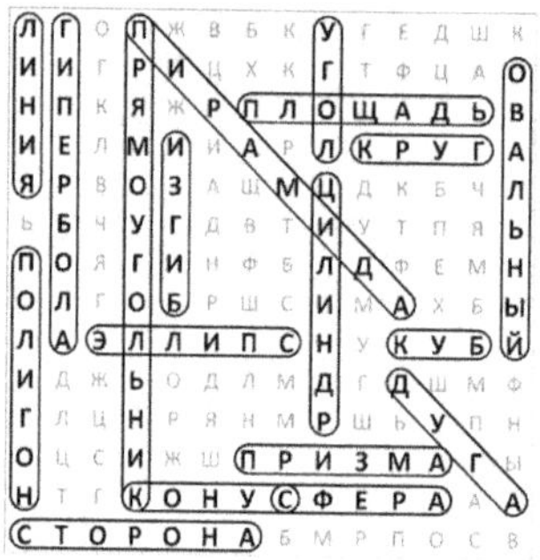

66 - Dias e Meses

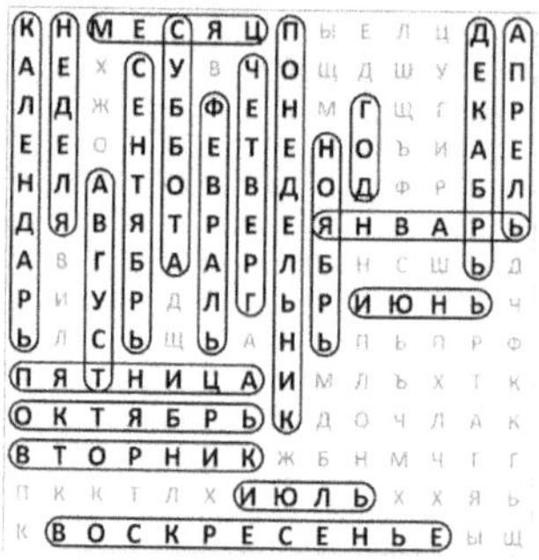

67 - Geografia

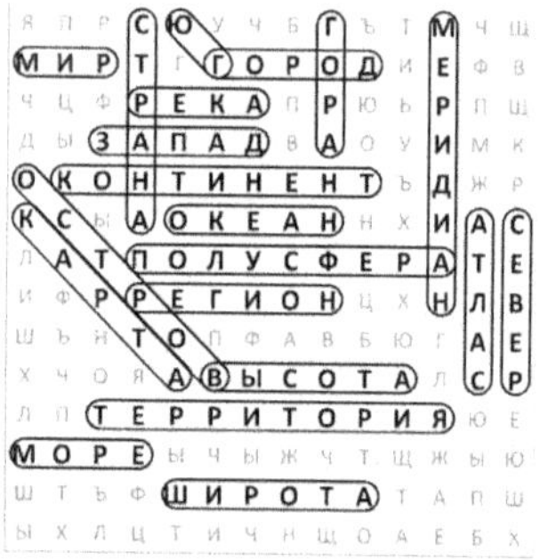

68 - Antártica

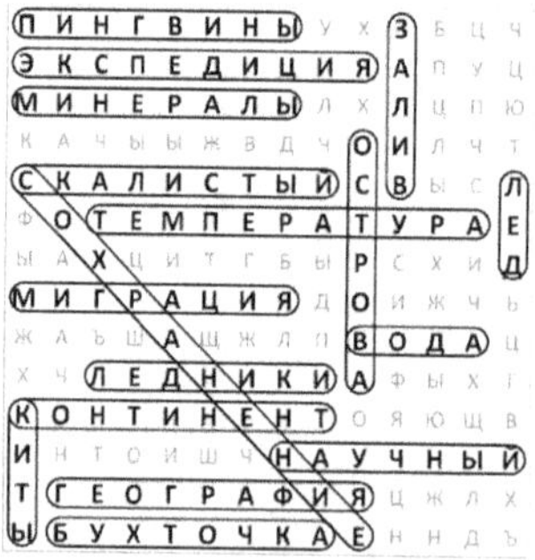

69 - Flores

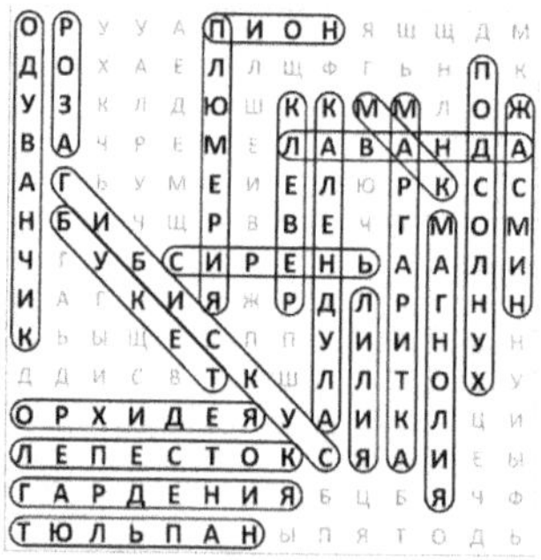

70 - Fazenda #1

71 - Livros

72 - Chocolate

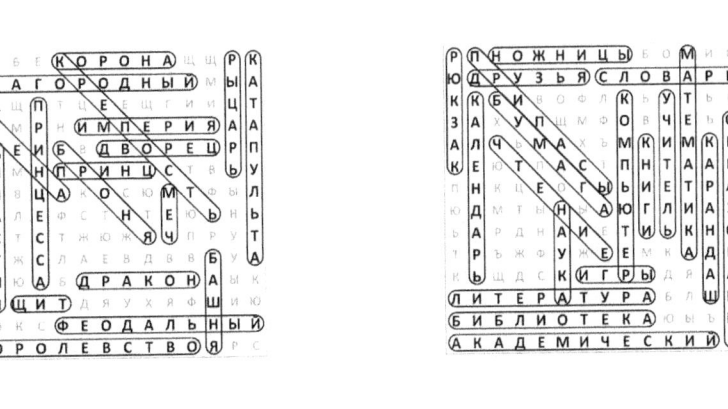

73 - Profissões #2

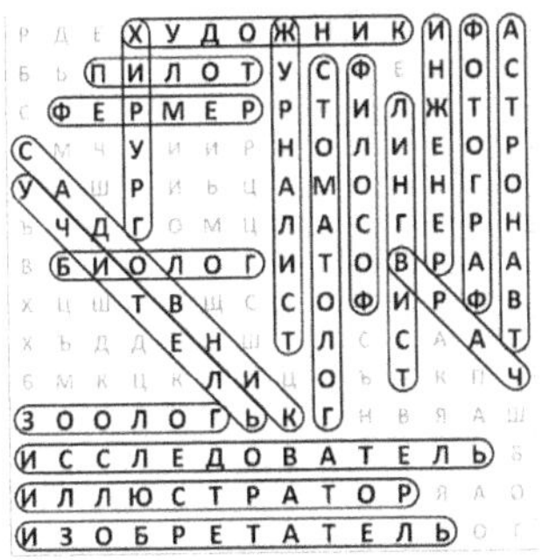

74 - Fazenda #2

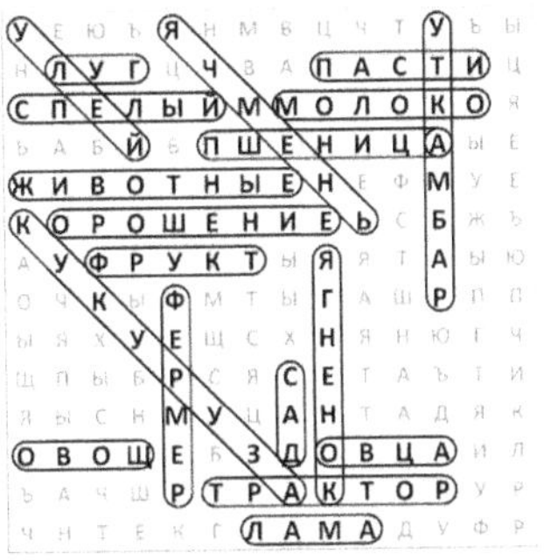

75 - Jardim

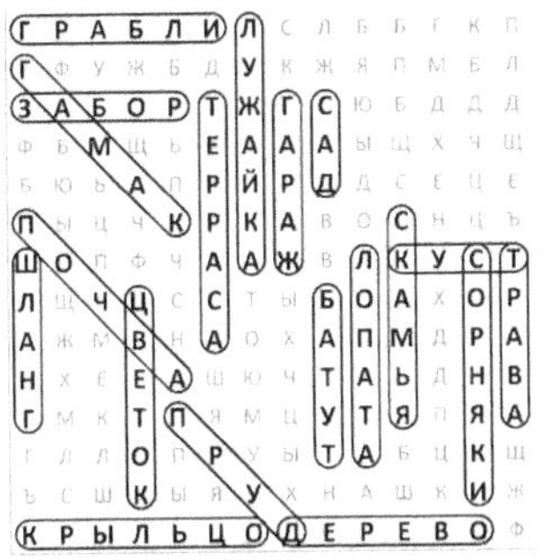

76 - Comédia

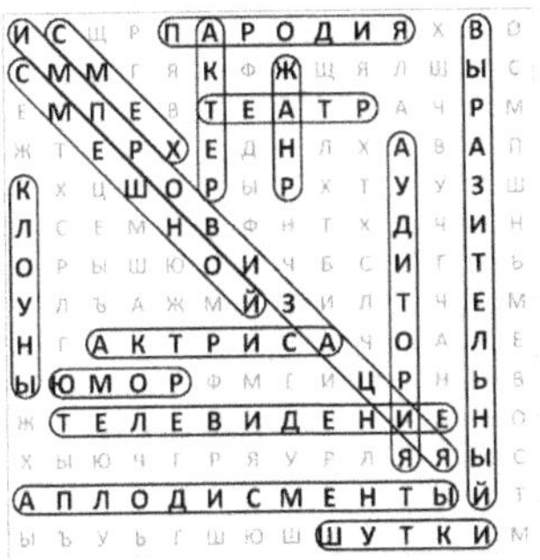

77 - Oceano

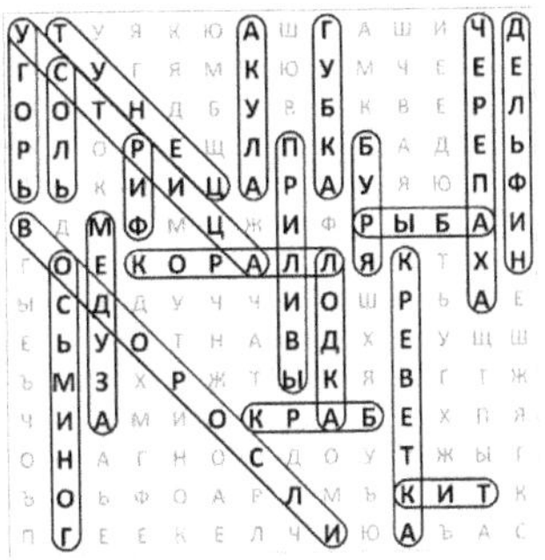

78 - Profissões #1

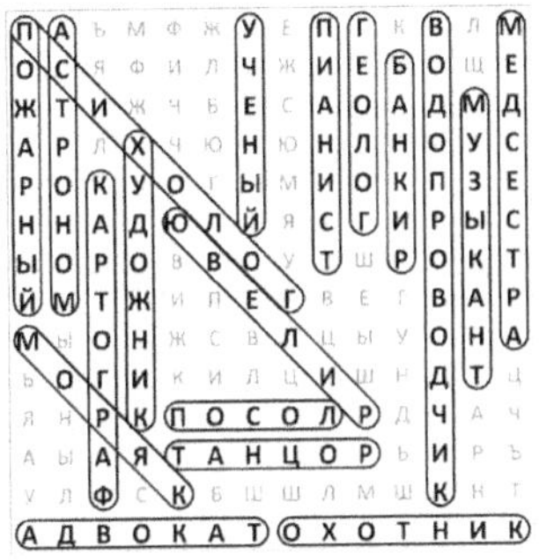

79 - Campeonato

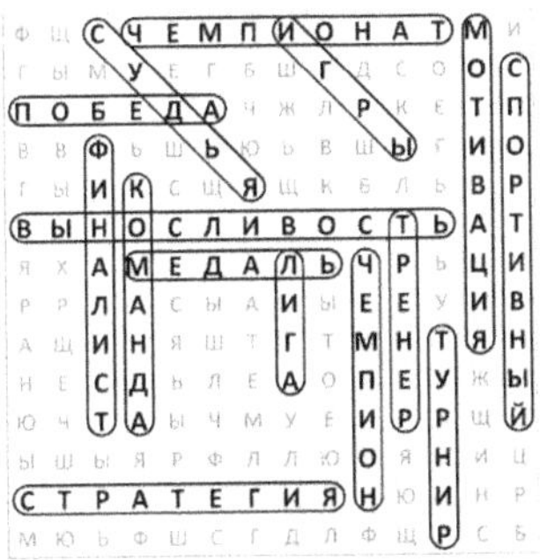

80 - Castelos

81 - Escola # 2

82 - Abelhas

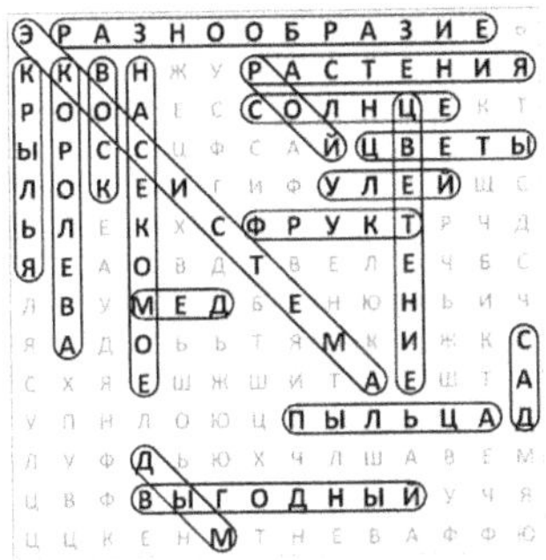

83 - Banheiro

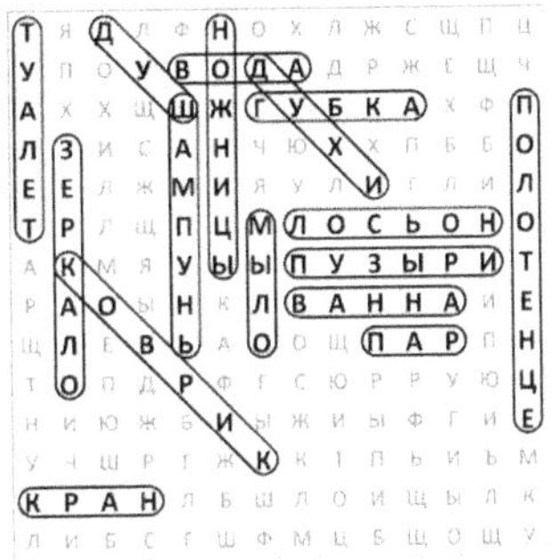

84 - Ciência

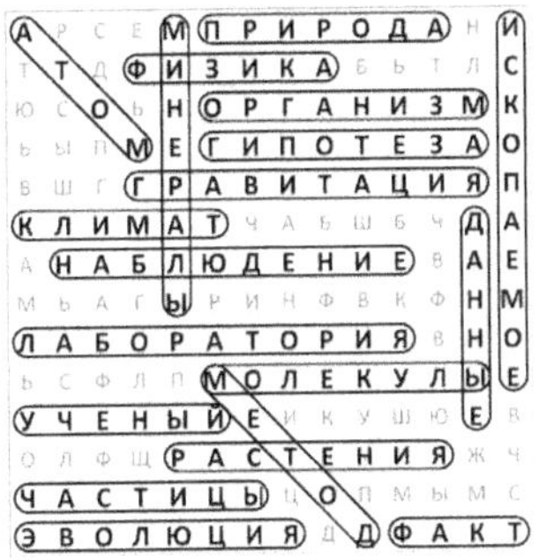

85 - Cores

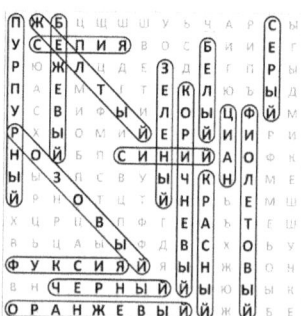

86 - Comida #1

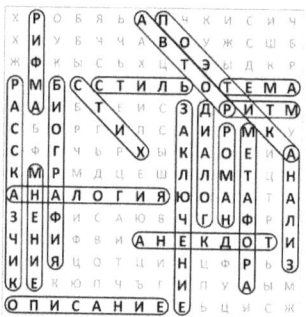

87 - Pássaros

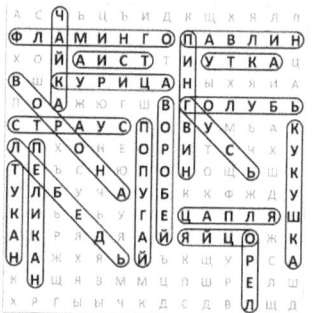

88 - Virtudes #1

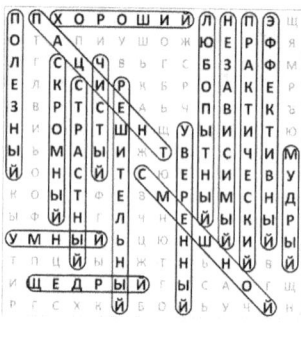

89 - Literatura

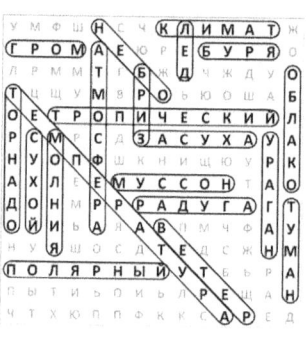

90 - Clima

91 - Tecnologia

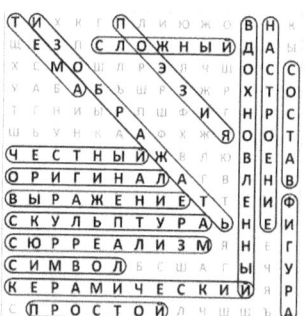

92 - Arte

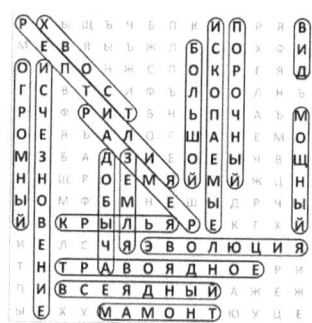

93 - Dinossauros

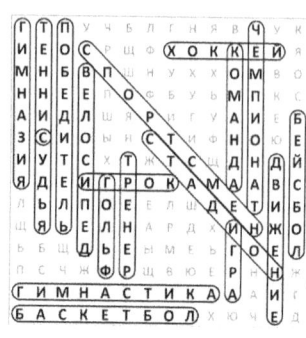

94 - Esportes

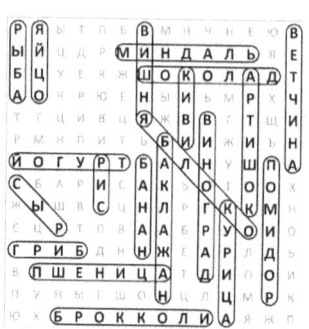

95 - Comida # 2

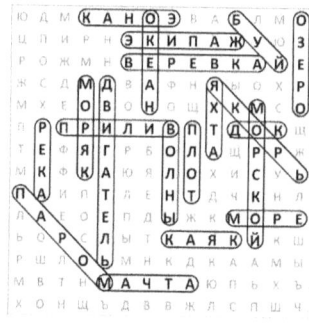

96 - Barcos

97 - Outono

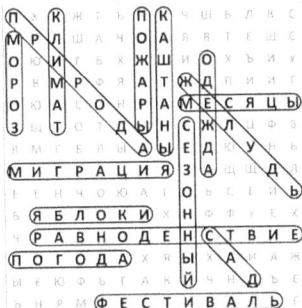

98 - Piratas

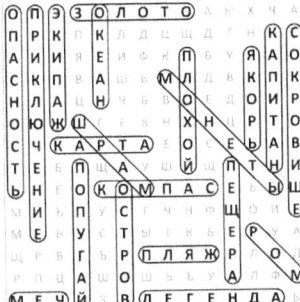

99 - Mamíferos

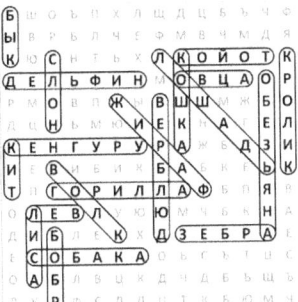

100 - Atividades e Lazer

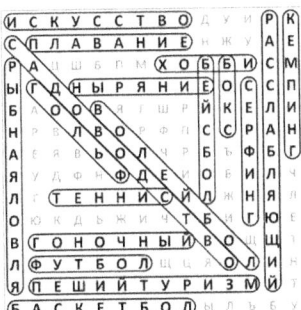

Dicionário

Abelhas
Пчелы

Asas	Крылья
Benéfico	Выгодный
Cera	Воск
Colmeia	Улей
Diversidade	Разнообразие
Ecossistema	Экосистема
Enxame	Рой
Flor	Цветение
Flores	Цветы
Fruta	Фрукт
Fumaça	Дым
Inseto	Насекомое
Jardim	Сад
Mel	Мед
Plantas	Растения
Pólen	Пыльца
Rainha	Королева
Sol	Солнце

Acampamento
Кемпинг

Animais	Животные
Aventura	Приключение
Árvores	Деревья
Bússola	Компас
Caça	Охота
Canoa	Каноэ
Chapéu	Шляпа
Corda	Веревка
Equipamento	Оборудование
Floresta	Лес
Fogo	Огонь
Inseto	Насекомое
Lago	Озеро
Lanterna	Фонарь
Lua	Луна
Maca	Гамак
Mapa	Карта
Montanha	Гора
Natureza	Природа
Tenda	Палатка

Adjetivos #1
Прилагательные #1

Absoluto	Абсолютный
Ambicioso	Амбициозный
Aromático	Ароматический
Brilhante	Яркий
Enorme	Огромный
Escuro	Темный
Exótico	Экзотический
Fino	Тонкий
Generoso	Щедрый
Grande	Большой
Honesto	Честный
Idêntico	Идентичный
Importante	Важный
Lento	Медленный
Misterioso	Таинственный
Moderno	Современный
Perfeito	Совершенный
Pesado	Тяжелый
Sério	Серьезный
Valioso	Ценный

Adjetivos #2
Прилагательные #2

Autêntico	Аутентичный
Criativo	Творческий
Descritivo	Описательный
Dotado	Одаренный
Elegante	Элегантный
Famoso	Известный
Forte	Сильный
Interessante	Интересный
Natural	Естественный
Normal	Нормальный
Novo	Новый
Orgulhoso	Гордый
Produtivo	Продуктивный
Puro	Чистый
Quente	Горячий
Responsável	Ответственный
Salgado	Соленый
Saudável	Здоровый
Seco	Сухой
Selvagem	Дикий

Animais de Estimação
Домашние Животные

Água	Вода
Cabra	Коза
Cachorro	Щенок
Cauda	Хвост
Cão	Собака
Coelho	Кролик
Colarinho	Воротник
Garras	Когти
Gato	Кошка
Hamster	Хомяк
Lagarto	Ящерица
Mouse	Мышь
Papagaio	Попугай
Peixe	Рыба
Tartaruga	Черепаха
Vaca	Корова
Veterinário	Ветеринар

Aniversário
День Рождения

Alegre	Радостный
Amigos	Друзья
Ano	Год
Bolo	Торт
Calendário	Календарь
Canção	Песня
Cartões	Карты
Celebração	Празднование
Convites	Приглашения
Dia	День
Dom	Подарок
Especial	Особый
Feliz	Счастливый
Jovem	Молодой
Nascer	Рожденный
Sabedoria	Мудрость
Tempo	Время
Velas	Свечи

Antártica
Антарктида

Água	Вода
Baía	Залив
Baleias	Киты
Científico	Научный
Conservação	Сохранение
Continente	Континент
Enseada	Бухточка
Expedição	Экспедиция
Geleiras	Ледники
Gelo	Лед
Geografia	География
Ilhas	Острова
Investigador	Исследователь
Migração	Миграция
Minerais	Минералы
Península	Полуостров
Pinguins	Пингвины
Rochoso	Скалистый
Temperatura	Температура
Topografia	Топография

Arte
Искусство

Cerâmica	Керамический
Complexo	Сложный
Composição	Состав
Escultura	Скульптура
Expressão	Выражение
Figura	Фигура
Honesto	Честный
Humor	Настроение
Inspirado	Вдохновленный
Original	Оригинал
Poesia	Поэзия
Retratar	Изображать
Simples	Простой
Símbolo	Символ
Sujeito	Тема
Surrealismo	Сюрреализм
Visual	Визуальный

Artes Visuais
Изобразительное Искусство

Argila	Глина
Arquitetura	Архитектура
Artista	Художник
Caneta	Ручка
Carvão	Уголь
Cavalete	Мольберт
Cera	Воск
Cerâmica	Керамика
Composição	Состав
Criatividade	Креативность
Escultura	Скульптура
Estêncil	Трафарет
Filme	Фильм
Fotografia	Фотография
Giz	Мел
Lápis	Карандаш
Obra-Prima	Шедевр
Perspectiva	Перспектива
Retrato	Портрет
Verniz	Лак

Astronomia
Астрономия

Asteróide	Астероид
Astronauta	Астронавт
Astrônomo	Астроном
Céu	Небо
Constelação	Созвездие
Cosmos	Космос
Eclipse	Затмение
Equinócio	Равноденствие
Foguete	Ракета
Gravidade	Гравитация
Lua	Луна
Meteoro	Метеор
Nebulosa	Туманность
Observatório	Обсерватория
Planeta	Планета
Radiação	Излучение
Solar	Солнечный
Supernova	Сверхновая
Terra	Земля
Universo	Вселенная

Atividades
Виды Деятельности

Arte	Искусство
Artesanato	Ремесла
Atividade	Деятельность
Caca	Охота
Caminhada	Пеший Туризм
Cerâmica	Керамика
Fotografia	Фотография
Habilidade	Навык
Interesses	Интересы
Jardinagem	Садоводство
Jogos	Игры
Lazer	Досуг
Lendo	Чтение
Magia	Магия
Pesca	Рыбная Ловля
Prazer	Удовольствие
Relaxamento	Релаксация

Atividades e Lazer
Развлечения и Досуг

Acampamento	Кемпинг
Arte	Искусство
Basquete	Баскетбол
Beisebol	Бейсбол
Boxe	Бокс
Caminhada	Пеший Туризм
Corrida	Гоночный
Futebol	Футбол
Golfe	Гольф
Hobbies	Хобби
Jardinagem	Садоводство
Mergulho	Ныряние
Natação	Плавание
Pesca	Рыбная Ловля
Relaxante	Расслабляющий
Surfe	Серфинг
Tênis	Теннис
Voleibol	Волейбол

Aventura
Приключение

Alegria	Радость
Amigos	Друзья
Atividade	Деятельность
Beleza	Красота
Bravura	Храбрость
Chance	Шанс
Desafios	Проблемы
Dificuldade	Трудность
Entusiasmo	Энтузиазм
Excursão	Экскурсия
Incomum	Необычный
Itinerário	Маршрут
Natureza	Природа
Navegação	Навигация
Novo	Новый
Oportunidade	Возможность
Perigoso	Опасный
Preparação	Подготовка
Segurança	Безопасность

Aviões
Самолеты

Altura	Высота
Ar	Воздух
Aterrissagem	Посадка
Atmosfera	Атмосфера
Aventura	Приключение
Balão	Воздушный Шар
Céu	Небо
Combustível	Топливо
Construção	Строительство
Descida	Спуск
Direção	Направление
Hélices	Пропеллеры
Hidrogênio	Водород
História	История
Inflar	Надувать
Motor	Двигатель
Passageiro	Пассажир
Piloto	Пилот
Tempo	Погода
Tripulação	Экипаж

Água
Вода

Canal	Канал
Chuva	Дождь
Chuveiro	Душ
Evaporação	Испарение
Furacão	Ураган
Geada	Мороз
Gelo	Лед
Geyser	Гейзер
Inundação	Наводнение
Irrigação	Орошение
Lago	Озеро
Monção	Муссон
Neve	Снег
Oceano	Океан
Ondas	Волны
Potável	Питьевой
Rio	Река
Umidade	Влажность
Vapor	Пар

Balé
Балет

Aplauso	Аплодисменты
Bailarina	Балерина
Compositor	Композитор
Coreografia	Хореография
Dançarinos	Танцоры
Ensaio	Репетиция
Estilo	Стиль
Expressivo	Выразительный
Gesto	Жест
Habilidade	Навык
Intensidade	Интенсивность
Músculos	Мышцы
Música	Музыка
Orquestra	Оркестр
Prática	Практика
Público	Аудитория
Ritmo	Ритм
Solo	Соло
Técnica	Техника

Banheiro
Ванная

Água	Вода
Banheiro	Туалет
Banho	Ванна
Bolhas	Пузыри
Chuveiro	Душ
Espelho	Зеркало
Esponja	Губка
Loção	Лосьон
Perfume	Духи
Sabão	Мыло
Tapete	Коврик
Tesoura	Ножницы
Toalha	Полотенце
Torneira	Кран
Vapor	Пар
Xampu	Шампунь

Barcos
Лодки

Âncora	Якорь
Balsa	Паром
Bóia	Буй
Caiaque	Каяк
Canoa	Каноэ
Corda	Веревка
Doca	Док
Iate	Яхта
Jangada	Плот
Lago	Озеро
Mar	Море
Maré	Прилив
Marinheiro	Моряк
Mastro	Мачта
Motor	Двигатель
Náutico	Морской
Oceano	Океан
Ondas	Волны
Rio	Река
Tripulação	Экипаж

Brinquedos
Игрушки

Argila	Глина
Artesanato	Ремесла
Avião	Самолет
Barco	Лодка
Bateria	Барабаны
Bicicleta	Велосипед
Bola	Мяч
Boneca	Кукла
Caminhão	Грузовик
Carro	Автомобиль
Favorito	Любимый
Imaginação	Воображение
Jogos	Игры
Livros	Книги
Robô	Робот
Tintas	Краски
Xadrez	Шахматы

Caminhada
Пеший Туризм

Acampamento	Кемпинг
Animais	Животные
Água	Вода
Botas	Ботинки
Cansado	Усталый
Clima	Климат
Cume	Саммит
Mapa	Карта
Montanha	Гора
Natureza	Природа
Orientação	Ориентация
Parques	Парки
Pedras	Камни
Penhasco	Утес
Perigos	Опасности
Pesado	Тяжелый
Preparação	Подготовка
Selvagem	Дикий
Sol	Солнце
Tempo	Погода

Campeonato
Чемпионат

Campeão	Чемпион
Campeonato	Чемпионат
Desempenho	Представление
Equipe	Команда
Esportes	Спортивный
Estratégia	Стратегия
Finalista	Финалист
Jogos	Игры
Juiz	Судья
Liga	Лига
Medalha	Медаль
Motivação	Мотивация
Resistência	Выносливость
Torneio	Турнир
Treinador	Тренер
Vitória	Победа

Casa
Дом

Biblioteca	Библиотека
Cerca	Забор
Chaves	Ключи
Chuveiro	Душ
Cortinas	Шторы
Cozinha	Кухня
Espelho	Зеркало
Garagem	Гараж
Janela	Окно
Jardim	Сад
Lareira	Камин
Mobiliário	Мебель
Parede	Стена
Porta	Дверь
Quarto	Комната
Sótão	Чердак
Tapete	Коврик
Teto	Потолок
Torneira	Кран
Vassoura	Метла

Castelos
Замки

Armadura	Броня
Catapulta	Катапульта
Cavaleiro	Рыцарь
Cavalo	Лошадь
Coroa	Корона
Dinastia	Династия
Dragão	Дракон
Escudo	Щит
Espada	Меч
Feudal	Феодальный
Fortaleza	Крепость
Império	Империя
Nobre	Благородный
Palácio	Дворец
Parede	Стена
Princesa	Принцесса
Príncipe	Принц
Reino	Королевство
Torre	Башня
Unicórnio	Единорог

Chocolate
Шоколад

Açúcar	Сахар
Amargo	Горький
Amendoins	Арахис
Antioxidante	Антиоксидант
Aroma	Аромат
Cacau	Какао
Calorias	Калории
Caramelo	Карамель
Coco	Кокос
Delicioso	Вкусный
Doce	Сладкий
Exótico	Экзотический
Favorito	Любимый
Gosto	Вкус
Ingrediente	Ингредиент
Pó	Порошок
Qualidade	Качество
Receita	Рецепт

Churrascos
Барбекю

Cebolas	Лук
Convite	Приглашение
Crianças	Дети
Facas	Ножи
Família	Семья
Fome	Голод
Frango	Курица
Fruta	Фрукт
Grelha	Гриль
Jantar	Обед
Jogos	Игры
Legumes	Овощи
Molho	Соус
Música	Музыка
Pimenta	Перец
Quente	Горячий
Sal	Соль
Saladas	Салаты
Tomates	Помидоры
Verão	Лето

Cidade
Город

Aeroporto	Аэропорт
Banco	Банк
Biblioteca	Библиотека
Cinema	Кино
Clínica	Клиника
Escola	Школа
Estádio	Стадион
Farmácia	Аптека
Florista	Флорист
Galeria	Галерея
Hotel	Отель
Jardim Zoológico	Зоопарк
Mercado	Рынок
Museu	Музей
Padaria	Пекарня
Restaurante	Ресторан
Salão	Салон
Supermercado	Супермаркет
Teatro	Театр
Universidade	Университет

Ciência
Наука

Átomo	Атом
Cientista	Ученый
Clima	Климат
Dados	Данные
Evolução	Эволюция
Fato	Факт
Física	Физика
Fóssil	Ископаемое
Gravidade	Гравитация
Hipótese	Гипотеза
Laboratório	Лаборатория
Método	Метод
Minerais	Минералы
Moléculas	Молекулы
Natureza	Природа
Observação	Наблюдение
Organismo	Организм
Partículas	Частицы
Plantas	Растения
Químico	Химические

Circo
Цирк

Acrobata	Акробат
Animais	Животные
Bilhete	Билет
Desfile	Парад
Doce	Конфеты
Elefante	Слон
Entreter	Развлекать
Espectador	Зритель
Leão	Лев
Macaco	Обезьяна
Magia	Магия
Malabarista	Жонглер
Mágico	Маг
Música	Музыка
Palhaço	Клоун
Tenda	Палатка
Tigre	Тигр
Traje	Костюм
Truque	Обманывать

Clima
Погода

Arco-Íris	Радуга
Atmosfera	Атмосфера
Brisa	Бриз
Céu	Небо
Clima	Климат
Furacão	Ураган
Gelo	Лед
Monção	Муссон
Nevoeiro	Туман
Nuvem	Облако
Polar	Полярный
Relâmpago	Молния
Seca	Засуха
Seco	Сухой
Temperatura	Температура
Tempestade	Буря
Tornado	Торнадо
Tropical	Тропический
Trovão	Гром
Vento	Ветер

Comédia
Комедия

Aplauso	Аплодисменты
Ator	Актер
Atriz	Актриса
Engraçado	Смешной
Expressivo	Выразительный
Gênero	Жанр
Humor	Юмор
Improvisação	Импровизация
Palhaços	Клоуны
Paródia	Пародия
Piada	Шутки
Público	Аудитория
Riso	Смех
Teatro	Театр
Televisão	Телевидение

Comida # 2
Еда #2

Alcachofra	Артишок
Amêndoa	Миндаль
Arroz	Рис
Banana	Банан
Beringela	Баклажан
Brócolis	Брокколи
Cereja	Вишня
Chocolate	Шоколад
Cogumelo	Гриб
Frango	Курица
Iogurte	Йогурт
Kiwi	Киви
Maçã	Яблоко
Ovo	Яйцо
Peixe	Рыба
Presunto	Ветчина
Queijo	Сыр
Tomate	Помидор
Trigo	Пшеница
Uva	Виноград

Comida #1
Еда #1

Açúcar	Сахар
Alho	Чеснок
Amendoim	Арахис
Atum	Тунец
Bolo	Торт
Canela	Корица
Cebola	Лук
Cenoura	Морковь
Cevada	Ячмень
Damasco	Абрикос
Espinafre	Шпинат
Leite	Молоко
Limão	Лимон
Manjericão	Базилик
Morango	Клубника
Nabo	Репа
Sal	Соль
Salada	Салат
Sopa	Суп
Suco	Сок

Cores
Цвета

Amarelo	Желтый
Azul	Синий
Bege	Бежевый
Branco	Белый
Ciano	Циан
Cinza	Серый
Fuchsia	Фуксия
Laranja	Оранжевый
Magenta	Пурпурный
Marrom	Коричневый
Preto	Черный
Rosa	Розовый
Roxo	Фиолетовый
Sépia	Сепия
Verde	Зеленый
Vermelho	Красный

Corpo Humano
Тело Человека

Boca	Рот
Cabeça	Голова
Cérebro	Мозг
Coração	Сердце
Cotovelo	Локоть
Dedo	Палец
Joelho	Колено
Mandíbula	Челюсть
Mão	Рука
Nariz	Нос
Olho	Глаз
Ombro	Плечо
Orelha	Ухо
Pele	Кожа
Perna	Нога
Pescoço	Шея
Queixo	Подбородок
Sangue	Кровь
Testa	Лоб
Tornozelo	Лодыжка

Cozinha
Кухня

Avental	Фартук
Chaleira	Чайник
Colheres	Ложки
Concha	Ковш
Cups	Чашки
Especiarias	Специи
Esponja	Губка
Facas	Ножи
Forno	Печь
Freezer	Морозилка
Garfos	Вилки
Geladeira	Холодильник
Grelha	Гриль
Guardanapo	Салфетка
Jar	Банка
Jarro	Кувшин
Receita	Рецепт
Tigela	Чаша

Dança
Танец

Academia	Академия
Alegre	Радостный
Arte	Искусство
Clássico	Классический
Coreografia	Хореография
Corpo	Тело
Cultura	Культура
Cultural	Культурный
Emoção	Эмоция
Ensaio	Репетиция
Expressivo	Выразительный
Graça	Грация
Movimento	Движение
Música	Музыка
Parceiro	Партнер
Postura	Поза
Ritmo	Ритм
Tradicional	Традиционный
Visual	Визуальный

Dias e Meses
Дни и Месяцы

Abril	Апрель
Agosto	Август
Ano	Год
Calendário	Календарь
Dezembro	Декабрь
Domingo	Воскресенье
Fevereiro	Февраль
Janeiro	Январь
Julho	Июль
Junho	Июнь
Mês	Месяц
Novembro	Ноябрь
Outubro	Октябрь
Quinta-Feira	Четверг
Sábado	Суббота
Segunda-Feira	Понедельник
Semana	Неделя
Setembro	Сентябрь
Sexta-Feira	Пятница
Terça	Вторник

Dinossauros
Динозавры

Asas	Крылья
Cauda	Хвост
Desaparecimento	Исчезновение
Enorme	Огромный
Espécies	Вид
Evolução	Эволюция
Fósseis	Ископаемые
Grande	Большой
Herbívoro	Травоядное
Mamute	Мамонт
Onívoro	Всеядный
Poderoso	Мощный
Presa	Добыча
Réptil	Рептилия
Tamanho	Размер
Terra	Земля
Vicioso	Порочный

Dirigindo
Вождение

Acidente	Авария
Carro	Автомобиль
Combustível	Топливо
Cuidado	Осторожность
Estrada	Дорога
Freios	Тормоза
Garagem	Гараж
Gás	Газ
Licença	Лицензия
Mapa	Карта
Motocicleta	Мотоцикл
Motor	Мотор
Pedestre	Пешеход
Perigo	Опасность
Polícia	Полиция
Rua	Улица
Segurança	Безопасность
Transporte	Транспорт
Tráfego	Движение
Túnel	Туннель

Disciplinas Científicas
Научные Дисциплины

Anatomia	Анатомия
Arqueologia	Археология
Astronomia	Астрономия
Biologia	Биология
Bioquímica	Биохимия
Botânica	Ботаника
Cinesiologia	Кинезиология
Ecologia	Экология
Fisiologia	Физиология
Geologia	Геология
Imunologia	Иммунология
Linguística	Лингвистика
Meteorologia	Метеорология
Mineralogia	Минералогия
Neurologia	Неврология
Psicologia	Психология
Química	Химия
Sociologia	Социология
Termodinâmica	Термодинамика
Zoologia	Зоология

Ecologia
Экология

Clima	Климат
Comunidades	Сообщества
Diversidade	Разнообразие
Espécies	Вид
Fauna	Фауна
Flora	Флора
Global	Глобальный
Marinho	Морской
Montanhas	Горы
Natural	Естественный
Natureza	Природа
Pântano	Болото
Plantas	Растения
Recursos	Ресурсы
Seca	Засуха
Sobrevivência	Выживание
Voluntários	Волонтеры

Edifícios
Здания

Apartamento	Квартира
Castelo	Замок
Celeiro	Амбар
Cinema	Кино
Embaixada	Посольство
Escola	Школа
Estádio	Стадион
Fazenda	Ферма
Fábrica	Завод
Garagem	Гараж
Hospital	Больница
Hotel	Отель
Laboratório	Лаборатория
Museu	Музей
Observatório	Обсерватория
Supermercado	Супермаркет
Teatro	Театр
Tenda	Палатка
Torre	Башня
Universidade	Университет

Emoções
Эмоции

Alegria	Радость
Amor	Любовь
Bem-Aventurança	Блаженство
Bondade	Доброта
Calmo	Спокойный
Conteúdo	Содержание
Envergonhado	Смущенный
Grato	Благодарный
Medo	Страх
Paz	Мир
Raiva	Гнев
Relaxado	Расслабленный
Satisfeito	Доволен
Simpatia	Симпатия
Ternura	Нежность
Tédio	Скука
Tranquilidade	Спокойствие
Tristeza	Печаль

Escalada
Альпинизм

Altitude	Высота
Atmosfera	Атмосфера
Botas	Ботинки
Caminhada	Пеший Туризм
Capacete	Шлем
Caverna	Пещера
Curiosidade	Любопытство
Desafios	Проблемы
Especialista	Эксперт
Estabilidade	Стабильность
Estreito	Узкий
Físico	Физический
Força	Сила
Luvas	Перчатки
Mapa	Карта

Escola # 2
Школа #2

Acadêmico	Академический
Amigos	Друзья
Biblioteca	Библиотека
Calendário	Календарь
Ciência	Наука
Computador	Компьютер
Dicionário	Словарь
Educação	Образование
Gramática	Грамматика
Jogos	Игры
Lápis	Карандаш
Leitura	Чтение
Literatura	Литература
Livros	Книги
Matemática	Математика
Mochila	Рюкзак
Papel	Бумага
Professor	Учитель
Suprimentos	Припасы
Tesoura	Ножницы

Escola #1
Школа #1

Alfabeto	Алфавит
Almoço	Обед
Amigos	Друзья
Biblioteca	Библиотека
Cadeira	Стул
Canetas	Ручки
Exames	Экзамены
Lápis	Карандаш
Livros	Книги
Marcadores	Маркеры
Matemática	Математика
Mesa	Стол
Números	Числа
Papel	Бумага
Pastas	Папки
Professor	Учитель
Questionário	Викторина
Respostas	Ответы

Especiarias
Специи

Açafrão	Шафран
Alcaçuz	Солодка
Alho	Чеснок
Amargo	Горький
Anis	Анис
Azedo	Кислый
Baunilha	Ваниль
Canela	Корица
Cardamomo	Кардамон
Caril	Карри
Cebola	Лук
Coentro	Кориандр
Cominho	Тмин
Cravo	Гвоздика
Doce	Сладкий
Funcho	Фенхель
Gengibre	Имбирь
Pimenta	Перец
Sabor	Вкус
Sal	Соль

Esportes
Виды Спорта

Atleta	Спортсмен
Árbitro	Судья
Basquete	Баскетбол
Beisebol	Бейсбол
Bicicleta	Велосипед
Campeonato	Чемпионат
Equipe	Команда
Estádio	Стадион
Ganhador	Победитель
Ginásio	Гимназия
Ginástica	Гимнастика
Golfe	Гольф
Hóquei	Хоккей
Jogador	Игрок
Jogo	Игра
Movimento	Движение
Tênis	Теннис
Treinador	Тренер

Família
Семья

Antepassado	Предок
Avó	Бабушка
Avô	Дед
Criança	Ребенок
Crianças	Дети
Esposa	Жена
Filha	Дочь
Infância	Детство
Irmã	Сестра
Irmão	Брат
Marido	Муж
Materno	Материнский
Mãe	Мать
Neto	Внук
Pai	Отец
Paterno	Отцовский
Sobrinha	Племянница
Sobrinho	Племянник
Tia	Тетя
Tio	Дядя

Fazenda #1
Ферма #1

Abelha	Пчела
Arroz	Рис
Água	Вода
Bezerro	Телец
Burro	Осел
Cabra	Коза
Campo	Поле
Cavalo	Лошадь
Cão	Собака
Cerca	Забор
Corvo	Ворона
Feno	Сено
Fertilizante	Удобрение
Frango	Курица
Gato	Кошка
Mel	Мед
Porco	Свинья
Rebanho	Стадо
Terra	Земля
Vaca	Корова

Fazenda #2
Ферма #2

Agricultor	Фермер
Animais	Животные
Celeiro	Амбар
Cevada	Ячмень
Colmeia	Улей
Cordeiro	Ягненок
Fruta	Фрукт
Irrigação	Орошение
Leite	Молоко
Lhama	Лама
Maduro	Спелый
Milho	Кукуруза
Ovelha	Овца
Pastor	Пасти
Pato	Утка
Pomar	Сад
Prado	Луг
Trator	Трактор
Trigo	Пшеница
Vegetal	Овощ

Férias #2
Отпуск #2

Acampamento	Кемпинг
Aeroporto	Аэропорт
Estrangeiro	Иностранец
Feriado	Праздник
Fotos	Фото
Hotel	Отель
Ilha	Остров
Lazer	Досуг
Mapa	Карта
Mar	Море
Montanhas	Горы
Passaporte	Паспорт
Praia	Пляж
Reservas	Бронирование
Restaurante	Ресторан
Táxi	Такси
Tenda	Палатка
Transporte	Транспорт
Viagem	Путешествие
Visto	Виза

Ficção Científica
Научная Фантастика

Atómico	Атомный
Cenário	Сценарий
Cinema	Кино
Clones	Клоны
Distopia	Антиутопия
Explosão	Взрыв
Extremo	Экстремальный
Fogo	Огонь
Galáxia	Галактика
Ilusão	Иллюзия
Imaginário	Воображаемый
Livros	Книги
Misterioso	Таинственный
Mundo	Мир
Oráculo	Оракул
Planeta	Планета
Realista	Реалистичный
Robôs	Роботы
Tecnologia	Технология
Utopia	Утопия

Flores
Цветы

Buquê	Букет
Calêndula	Календула
Dente-De-Leão	Одуванчик
Gardênia	Гардения
Girassol	Подсолнух
Hibisco	Гибискус
Jasmim	Жасмин
Lavanda	Лаванда
Lilás	Сирень
Lírio	Лилия
Magnólia	Магнолия
Margarida	Маргаритка
Orquídea	Орхидея
Papoula	Мак
Peônia	Пион
Pétala	Лепесток
Plumeria	Плюмерия
Rosa	Роза
Trevo	Клевер
Tulipa	Тюльпан

Floresta Tropical
Тропический Лес

Anfíbios	Амфибии
Botânico	Ботанический
Clima	Климат
Comunidade	Сообщество
Diversidade	Разнообразие
Espécies	Вид
Insetos	Насекомые
Mamíferos	Млекопитающие
Musgo	Мох
Natureza	Природа
Nuvens	Облака
Pássaros	Птицы
Preservação	Сохранение
Refúgio	Убежище
Respeito	Уважение
Selva	Джунгли
Sobrevivência	Выживание
Valioso	Ценный

Formas
Формы

Arco	Дуга
Canto	Угол
Cilindro	Цилиндр
Círculo	Круг
Cone	Конус
Cubo	Куб
Curva	Изгиб
Elipse	Эллипс
Esfera	Сфера
Hipérbole	Гипербола
Lado	Сторона
Linha	Линия
Oval	Овальный
Pirâmide	Пирамида
Polígono	Полигон
Prisma	Призма
Quadrado	Площадь
Retângulo	Прямоугольник
Triângulo	Треугольник

Frutas
Фрукты

Abacate	Авокадо
Abacaxi	Ананас
Amora	Ежевика
Baga	Ягода
Banana	Банан
Cereja	Вишня
Coco	Кокос
Damasco	Абрикос
Figo	Инжир
Framboesa	Малина
Kiwi	Киви
Laranja	Оранжевый
Limão	Лимон
Maçã	Яблоко
Mamão	Папайя
Manga	Манго
Nectarina	Нектарин
Pera	Груша
Pêssego	Персик
Uva	Виноград

Gatos
Кошки

Brincalhão	Игривый
Caçador	Охотник
Cauda	Хвост
Curioso	Любопытный
Dormir	Спать
Engraçado	Смешной
Fio	Пряжа
Garra	Коготь
Independente	Независимый
Louco	Сумасшедший
Mouse	Мышь
Pata	Лапа
Pele	Мех
Personalidade	Личность
Selvagem	Дикий
Tímido	Застенчивый

Geografia
География

Altitude	Высота
Atlas	Атлас
Cidade	Город
Continente	Континент
Hemisfério	Полусфера
Ilha	Остров
Latitude	Широта
Mapa	Карта
Mar	Море
Meridiano	Меридиан
Montanha	Гора
Mundo	Мир
Norte	Север
Oceano	Океан
Oeste	Запад
País	Страна
Região	Регион
Rio	Река
Sul	Юг
Território	Территория

Geologia
Геология

Ácido	Кислота
Camada	Слой
Caverna	Пещера
Cálcio	Кальций
Continente	Континент
Coral	Коралл
Cristais	Кристаллы
Erosão	Эрозия
Estalactite	Сталактит
Estalagmites	Сталагмиты
Fóssil	Ископаемое
Lava	Лава
Minerais	Минералы
Pedra	Камень
Platô	Плато
Quartzo	Кварц
Sal	Соль
Terremoto	Землетрясение
Vulcão	Вулкан
Zona	Зона

Herbalismo
Тимбализм

Açafrão	Шафран
Alecrim	Розмарин
Alho	Чеснок
Aromático	Ароматический
Benéfico	Выгодный
Coentro	Кориандр
Estragão	Эстрагон
Flor	Цветок
Funcho	Фенхель
Ingrediente	Ингредиент
Jardim	Сад
Lavanda	Лаванда
Manjericão	Базилик
Manjerona	Майоран
Planta	Растение
Qualidade	Качество
Sabor	Вкус
Salsa	Петрушка
Tomilho	Тимьян
Verde	Зеленый

Insetos
Насекомые

Abelha	Пчела
Barata	Таракан
Besouro	Жук
Borboleta	Бабочка
Cigarra	Цикада
Cupim	Термит
Formiga	Муравей
Gafanhoto	Кузнечик
Joaninha	Божья Коровка
Larva	Личинка
Libélula	Стрекоза
Louva-A-Deus	Богомол
Minhoca	Червь
Mosquito	Комар
Pulga	Блоха
Pulgão	Тля
Vespa	Оса

Instrumentos Musicais
Музыкальные Инструменты

Bandolim	Мандолина
Banjo	Банджо
Clarinete	Кларнет
Fagote	Фагот
Flauta	Флейта
Gaita	Гармоника
Gongo	Гонг
Harpa	Арфа
Marimba	Маримба
Oboé	Гобой
Pandeiro	Бубен
Percussão	Перкуссия
Piano	Пианино
Saxofone	Саксофон
Tambor	Барабан
Trombone	Тромбон
Trompete	Труба
Violão	Гитара
Violino	Скрипка
Violoncelo	Виолончель

Jardim
Сад

Ancinho	Грабли
Arbusto	Куст
Árvore	Дерево
Banco	Скамья
Cerca	Забор
Ervas Daninhas	Сорняки
Flor	Цветок
Garagem	Гараж
Grama	Трава
Gramado	Лужайка
Jardim	Сад
Lagoa	Пруд
Maca	Гамак
Mangueira	Шланг
Pá	Лопата
Solo	Почва
Terraço	Терраса
Trampolim	Батут
Varanda	Крыльцо

Literatura
Литература

Analogia	Аналогия
Análise	Анализ
Anedota	Анекдот
Autor	Автор
Biografia	Биография
Comparação	Сравнение
Conclusão	Заключение
Descrição	Описание
Diálogo	Диалог
Estilo	Стиль
Metáfora	Метафора
Narrador	Рассказчик
Opinião	Мнение
Poema	Стих
Poético	Поэтика
Rima	Рифма
Ritmo	Ритм
Romance	Роман
Tema	Тема
Tragédia	Трагедия

Livros
Книги

Autor	Автор
Aventura	Приключение
Coleção	Коллекция
Contexto	Контекст
Escrito	Написано
Épico	Эпический
História	История
Histórico	Исторический
Leitor	Читатель
Literário	Литературный
Narrador	Рассказчик
Palavras	Слова
Página	Страница
Personagem	Характер
Poema	Стих
Poesia	Поэзия
Relevante	Уместный
Romance	Роман
Série	Серии
Trágico	Трагический

Mamíferos
Млекопитающие

Baleia	Кит
Camelo	Верблюд
Canguru	Кенгуру
Castor	Бобр
Cavalo	Лошадь
Cão	Собака
Coelho	Кролик
Coiote	Койот
Elefante	Слон
Gato	Кошка
Girafa	Жираф
Golfinho	Дельфин
Gorila	Горилла
Leão	Лев
Lobo	Волк
Macaco	Обезьяна
Ovelha	Овца
Raposa	Лиса
Touro	Бык
Zebra	Зебра

Matemática
Математика

Aritmética	Арифметика
Ângulos	Углы
Decimal	Десятичный
Diâmetro	Диаметр
Equação	Уравнение
Expoente	Экспонент
Fração	Фракция
Geometria	Геометрия
Números	Числа
Paralelo	Параллель
Perímetro	Периметр
Perpendicular	Перпендикуляр
Polígono	Полигон
Quadrado	Площадь
Raio	Радиус
Retângulo	Прямоугольник
Simetria	Симметрия
Soma	Сумма
Triângulo	Треугольник
Volume	Объем

Material de Arte
Художественные Принадлежности

Acrílico	Акриловый
Apagador	Ластик
Aquarelas	Акварели
Argila	Глина
Água	Вода
Cadeira	Стул
Carvão	Уголь
Cavalete	Мольберт
Câmera	Камера
Cola	Клей
Cores	Цвета
Criatividade	Креативность
Escovas	Щетки
Lápis	Карандаши
Mesa	Стол
Óleo	Масло
Papel	Бумага
Pastels	Пастели
Tinta	Чернила
Tintas	Краски

Medições
Измерения

Altura	Высота
Byte	Байт
Centímetro	Сантиметр
Comprimento	Длина
Decimal	Десятичный
Grama	Грамм
Grau	Степень
Largura	Ширина
Litro	Литр
Massa	Масса
Metro	Метр
Minuto	Минута
Onça	Унция
Peso	Вес
Polegada	Дюйм
Profundidade	Глубина
Quilograma	Килограмм
Quilômetro	Километр
Tonelada	Тонна
Volume	Объем

Meditação
Медитация

Aceitação	Принятие
Acordado	Бодрствующий
Atenção	Внимание
Bondade	Доброта
Clareza	Ясность
Compaixão	Сострадание
Emoções	Эмоции
Ensinamentos	Учения
Gratidão	Благодарность
Mental	Умственный
Mente	Ум
Movimento	Движение
Música	Музыка
Natureza	Природа
Observação	Наблюдение
Paz	Мир
Pensamentos	Мысли
Perspectiva	Перспектива
Postura	Поза
Silêncio	Тишина

Mitologia
Мифология

Arquétipo	Архетип
Ciúmes	Ревность
Comportamento	Поведение
Criação	Создание
Criatura	Существо
Cultura	Культура
Desastre	Катастрофа
Força	Сила
Guerreiro	Воин
Heroína	Героиня
Herói	Герой
Imortalidade	Бессмертие
Labirinto	Лабиринт
Lenda	Легенда
Mágico	Волшебный
Monstro	Монстр
Mortal	Смертный
Relâmpago	Молния
Trovão	Гром
Vingança	Месть

Natureza
Природа

Abelhas	Пчелы
Abrigo	Укрытие
Animais	Животные
Ártico	Арктический
Beleza	Красота
Deserto	Пустыня
Dinâmico	Динамический
Erosão	Эрозия
Floresta	Лес
Folhagem	Листва
Geleira	Ледник
Montanhas	Горы
Nevoeiro	Туман
Nuvens	Облака
Pacífico	Мирный
Rio	Река
Santuário	Святилище
Selvagem	Дикий
Sereno	Безмятежный
Tropical	Тропический

Nutrição
Питание

Amargo	Горький
Apetite	Аппетит
Calorias	Калории
Carboidratos	Углеводы
Comestível	Съедобный
Dieta	Диета
Digestão	Пищеварение
Fermentação	Ферментация
Ingredientes	Ингредиенты
Líquidos	Жидкости
Molho	Соус
Nutriente	Нутриент
Peso	Вес
Proteínas	Белки
Qualidade	Качество
Sabor	Вкус
Saudável	Здоровый
Saúde	Здоровье
Toxina	Токсин
Vitamina	Витамин

Números
Цифры

Cinco	Пять
Decimal	Десятичный
Dez	Десять
Dezesseis	Шестнадцать
Dezessete	Семнадцать
Dezoito	Восемнадцать
Dois	Два
Doze	Двенадцать
Nove	Девять
Oito	Восемь
Quatorze	Четырнадцать
Quatro	Четыре
Quinze	Пятнадцать
Seis	Шесть
Sete	Семь
Treze	Тринадцать
Três	Три
Um	Один
Vinte	Двадцать
Zero	Нуль

Oceano
Океан

Alga	Водоросли
Atum	Тунец
Baleia	Кит
Barco	Лодка
Camarão	Креветка
Caranguejo	Краб
Coral	Коралл
Enguia	Угорь
Esponja	Губка
Golfinho	Дельфин
Marés	Приливы
Medusa	Медуза
Ostra	Устрица
Peixe	Рыба
Polvo	Осьминог
Recife	Риф
Sal	Соль
Tartaruga	Черепаха
Tempestade	Буря
Tubarão	Акула

Outono
Осень

Bolota	Желудь
Castanhas	Каштаны
Clima	Климат
Equinócio	Равноденствие
Festival	Фестиваль
Geada	Мороз
Incêndios	Пожары
Maçãs	Яблоки
Meses	Месяцы
Migração	Миграция
Natureza	Природа
Pomar	Сад
Roupa	Одежда
Sazonal	Сезонный
Tempo	Погода

Paisagens
Пейзажи

Cascata	Водопад
Caverna	Пещера
Colina	Холм
Deserto	Пустыня
Geleira	Ледник
Golfo	Залив
Iceberg	Айсберг
Ilha	Остров
Lago	Озеро
Mar	Море
Montanha	Гора
Oásis	Оазис
Oceano	Океан
Pântano	Болото
Península	Полуостров
Praia	Пляж
Rio	Река
Tundra	Тундра
Vale	Долина
Vulcão	Вулкан

Países #2
Страны #2

Albânia	Албания
Dinamarca	Дания
França	Франция
Grécia	Греция
Haiti	Гаити
Indonésia	Индонезия
Irlanda	Ирландия
Jamaica	Ямайка
Japão	Япония
Laos	Лаос
Líbano	Ливан
México	Мексика
Nepal	Непал
Nigéria	Нигерия
Paquistão	Пакистан
Rússia	Россия
Síria	Сирия
Somália	Сомали
Ucrânia	Украина
Uganda	Уганда

Pássaros
Птицы

Avestruz	Страус
Águia	Орел
Cegonha	Аист
Cisne	Лебедь
Corvo	Ворона
Cuco	Кукушка
Flamingo	Фламинго
Frango	Курица
Gaivota	Чайка
Ganso	Гусь
Garça	Цапля
Ovo	Яйцо
Papagaio	Попугай
Pardal	Воробей
Pato	Утка
Pavão	Павлин
Pelicano	Пеликан
Pinguim	Пингвин
Pombo	Голубь
Tucano	Тукан

Pesca
Рыбалка

Água	Вода
Barbatanas	Плавники
Barco	Лодка
Brânquias	Жабры
Cesta	Корзина
Cozinhar	Повар
Equipamento	Оборудование
Exagero	Преувеличение
Fio	Провод
Gancho	Крюк
Isca	Приманка
Lago	Озеро
Mandíbula	Челюсть
Oceano	Океан
Paciência	Терпение
Peso	Вес
Praia	Пляж
Rio	Река
Temporada	Сезон

Piratas
Пираты

Aventura	Приключение
Âncora	Якорь
Bússola	Компас
Capitão	Капитан
Caverna	Пещера
Cicatriz	Шрам
Espada	Меч
Ilha	Остров
Lenda	Легенда
Mapa	Карта
Mau	Плохой
Moedas	Монеты
Oceano	Океан
Ouro	Золото
Papagaio	Попугай
Perigo	Опасность
Praia	Пляж
Rum	Ром
Tesouro	Сокровище
Tripulação	Экипаж

Plantas
Растения

Arbusto	Куст
Árvore	Дерево
Baga	Ягода
Bambu	Бамбук
Botânica	Ботаника
Cacto	Кактус
Feijão	Боб
Fertilizante	Удобрение
Flor	Цветок
Flora	Флора
Floresta	Лес
Folha	Лист
Folhagem	Листва
Grama	Трава
Hera	Плющ
Jardim	Сад
Musgo	Мох
Pétala	Лепесток
Raiz	Корень
Sol	Солнце

Praia
Пляж

Areia	Песок
Azul	Синий
Barco	Лодка
Caranguejo	Краб
Costa	Побережье
Doca	Док
Guarda-Chuva	Зонтик
Ilha	Остров
Lagoa	Лагуна
Mar	Море
Oceano	Океан
Recife	Риф
Sandálias	Сандалии
Sol	Солнце
Toalha	Полотенце

Preencher
Заполнить

Bacia	Бассейн
Balde	Ведро
Bandeja	Лоток
Barril	Бочка
Bolso	Карман
Caixa	Коробка
Cesta	Корзина
Envelope	Конверт
Garrafa	Бутылка
Jar	Банка
Mala	Чемодан
Navio	Судно
Pacote	Пакет
Pasta	Папка
Saco	Сумка
Tubo	Трубка
Vaso	Ваза

Profissões #1
Профессии #1

Advogado	Адвокат
Artista	Художник
Astrônomo	Астроном
Banqueiro	Банкир
Bombeiro	Пожарный
Caçador	Охотник
Cartógrafo	Картограф
Cientista	Ученый
Dançarino	Танцор
Editor	Редактор
Embaixador	Посол
Encanador	Водопроводчик
Enfermeira	Медсестра
Geólogo	Геолог
Joalheiro	Ювелир
Marinheiro	Моряк
Músico	Музыкант
Pianista	Пианист
Psicólogo	Психолог
Veterinário	Ветеринар

Profissões #2
Профессии #2

Agricultor	Фермер
Astronauta	Астронавт
Bibliotecário	Библиотекарь
Biólogo	Биолог
Cirurgião	Хирург
Dentista	Стоматолог
Engenheiro	Инженер
Filósofo	Философ
Fotógrafo	Фотограф
Ilustrador	Иллюстратор
Inventor	Изобретатель
Investigador	Исследователь
Jardineiro	Садовник
Jornalista	Журналист
Linguista	Лингвист
Médico	Врач
Piloto	Пилот
Pintor	Художник
Professor	Учитель
Zoólogo	Зоолог

Restaurante # 2
Ресторан #2

Aperitivo	Закуска
Água	Вода
Bebida	Напиток
Bolo	Торт
Cadeira	Стул
Colher	Ложка
Delicioso	Вкусный
Especiarias	Специи
Fruta	Фрукт
Garçom	Официант
Garfo	Вилка
Gelo	Лед
Jantar	Обед
Legumes	Овощи
Macarrão	Лапша
Ovo	Яйца
Peixe	Рыба
Sal	Соль
Salada	Салат
Sopa	Суп

Restaurante #1
Ресторан #1

Alergia	Аллергия
Café	Кофе
Caixa	Кассир
Carne	Мясо
Cozinha	Кухня
Faca	Нож
Frango	Курица
Garçonete	Официантка
Guardanapo	Салфетка
Ingredientes	Ингредиенты
Menu	Меню
Molho	Соус
Pão	Хлеб
Picante	Пряный
Reserva	Бронирование
Sobremesa	Десерт
Tigela	Чаша

Roupas
Одежда

Avental	Фартук
Blusa	Блуза
Calça	Брюки
Camisa	Рубашка
Casaco	Пальто
Chapéu	Шляпа
Cinto	Пояс
Colar	Ожерелье
Jaqueta	Куртка
Jeans	Джинсы
Luvas	Перчатки
Meias	Носки
Moda	Мода
Pijama	Пижама
Pulseira	Браслет
Saia	Юбка
Sandálias	Сандалии
Sapato	Обувь
Suéter	Свитер
Vestido	Платье

Sons
Звуки

Alto	Громко
Apito	Свисток
Aplaudir	Хлопать
Concerto	Концерт
Coro	Хор
Eco	Эхо
Gemer	Стон
Repetitivo	Повторяющийся
Riso	Смех
Ruidoso	Шумный
Sino	Колокол
Sirenes	Сирены
Sussurrar	Шепот
Tosse	Кашель
Vibração	Вибрация
Vozes	Голоса

Surf
Серфинг

Atleta	Спортсмен
Campeão	Чемпион
Espuma	Пена
Estilo	Стиль
Estômago	Желудок
Extremo	Экстремальный
Força	Сила
Multidões	Толпы
Oceano	Океан
Onda	Волна
Popular	Популярный
Praia	Пляж
Principiante	Начинающий
Rapidez	Скорость
Recife	Риф
Tempo	Погода

Tecnologia
Технология

Arquivo	Файл
Blog	Блог
Bytes	Байтов
Câmera	Камера
Computador	Компьютер
Cursor	Курсор
Dados	Данные
Digital	Цифровой
Estatísticas	Статистика
Fonte	Шрифт
Internet	Интернет
Mensagem	Сообщение
Navegador	Браузера
Pesquisa	Исследование
Segurança	Безопасность
Tela	Экран
Virtual	Виртуальный
Vírus	Вирус

Tempo
Время

Agora	Сейчас
Ano	Год
Antes	До
Anual	Ежегодный
Calendário	Календарь
Década	Десятилетие
Dia	День
Futuro	Будущее
Hoje	Сегодня
Hora	Час
Manhã	Утро
Meio-Dia	Полдень
Mês	Месяц
Minuto	Минута
Momento	Момент
Noite	Ночь
Ontem	Вчера
Relógio	Часы
Semana	Неделя
Século	Век

Tipos de Cabelo
Типы Волос

Branco	Белый
Brilhante	Блестящий
Cachos	Кудри
Careca	Лысый
Cinza	Серый
Colori	Цветной
Curto	Короткая
Encaracolado	Кудрявый
Fino	Тонкий
Grosso	Толстый
Loiro	Блондин
Longo	Длинный
Marrom	Коричневый
Prata	Серебро
Preto	Черный
Saudável	Здоровый
Seco	Сухой
Suave	Мягкий
Trançado	Плетеный
Tranças	Косы

Vegetais
Овощи

Abóbora	Тыква
Aipo	Сельдерей
Alcachofra	Артишок
Alho	Чеснок
Batata	Картофель
Beringela	Баклажан
Brócolis	Брокколи
Cebola	Лук
Cenoura	Морковь
Chalota	Шалот
Cogumelo	Гриб
Ervilha	Горох
Espinafre	Шпинат
Gengibre	Имбирь
Nabo	Репа
Pepino	Огурец
Rabanete	Редис
Salada	Салат
Salsa	Петрушка
Tomate	Помидор

Veículos
Транспортные Средства

Avião	Самолет
Balsa	Паром
Barco	Лодка
Bicicleta	Велосипед
Caminhão	Грузовик
Caravana	Караван
Carro	Автомобиль
Foguete	Ракета
Furgão	Фургон
Helicóptero	Вертолет
Jangada	Плот
Lambreta	Скутер
Metrô	Метро
Motor	Мотор
Ônibus	Автобус
Pneus	Шины
Táxi	Такси
Transporte	Челнок
Trator	Трактор

Verão
Лето

Acampamento	Кемпинг
Alegria	Радость
Amigos	Друзья
Casa	Дом
Estrelas	Звезды
Família	Семья
Jardim	Сад
Jogos	Игры
Lazer	Досуг
Livros	Книги
Mar	Море
Mergulho	Ныряние
Música	Музыка
Praia	Пляж
Relaxamento	Релаксация
Sandálias	Сандалии

Virtudes #1
Добродетели #1

Apaixonado	Страстный
Bom	Хороший
Confiante	Уверенный
Curioso	Любопытный
Decisivo	Решительный
Eficiente	Эффективный
Engraçado	Смешной
Generoso	Щедрый
Independente	Независимый
Inteligente	Умный
Limpo	Чистый
Modesto	Скромный
Paciente	Пациент
Prático	Практический
Sábio	Мудрый
Útil	Полезный

Xadrez
Шахматы

Branco	Белый
Campeão	Чемпион
Concurso	Конкурс
Desafios	Проблемы
Diagonal	Диагональ
Estratégia	Стратегия
Jogador	Игрок
Jogo	Игра
Oponente	Оппонент
Passivo	Пассивный
Pontos	Точки
Preto	Черный
Rainha	Королева
Regras	Правила
Rei	Король
Sacrifício	Жертва
Tempo	Время
Torneio	Турнир

Parabéns

Conseguiu!

Esperamos que tenha gostado tanto deste livro como nós gostamos de o desenhar. Esforçamo-nos por criar livros da mais alta qualidade possível.
Esta edição foi concebida para proporcionar uma aprendizagem inteligente, de qualidade e divertida!

Gostou deste livro?

Um simples pedido

Estes livros existem graças às críticas que publica.
Pode ajudar-nos, deixando agora uma revisão?

Aqui está um pequeno link para
a sua página de revisão:

BestBooksActivity.com/Avaliacoes50

DESAFIO FINAL!

Desafio n° 1

Está pronto para o seu jogo grátis? Usamo-los a toda a hora, mas não são tão fáceis de encontrar - aqui estão os **Sinônimos!**
Escreva 5 palavras que encontrou nos puzzles (n° 21, n° 36, n° 76) e tente encontrar 2 sinónimos para cada palavra.

Escreva 5 palavras de **Puzzle 21**

Palavras	Sinônimo 1	Sinônimo 2

Escreva 5 palavras de **Puzzle 36**

Palavras	Sinônimo 1	Sinônimo 2

Escreva 5 palavras de **Puzzle 76**

Palavras	Sinônimo 1	Sinônimo 2

Desafio n° 2

Agora que já aqueceu, escreva 5 palavras que encontrou nos Puzzles (n° 9, n° 17 e n° 25) e tente encontrar 2 antônimos para cada palavra. Quantos se podem encontrar em 20 minutos?

Escreva 5 palavras de *Puzzle 9*

Palavras	Antônimo 1	Antônimo 2

Escreva 5 palavras de *Puzzle 17*

Palavras	Antônimo 1	Antônimo 2

Escreva 5 palavras de *Puzzle 25*

Palavras	Antônimo 1	Antônimo 2

Desafio nº 3

Óptimo! Este desafio final não é nada para si.

Pronto para o desafio final? Escolha 10 palavras que tenha descoberto nos diferentes puzzles e escreva-as abaixo.

1.	6.
2.	7.
3.	8.
4.	9.
5.	10.

Agora escreva um texto a pensar numa pessoa, num animal ou num lugar de seu agrado.

Pode utilizar a última página deste livro como um rascunho.

A Sua Composição:

CADERNO DE NOTAS:

ATÉ BREVE!

A equipa Inteira

DESCUBRA JOGOS GRATUITOS

GO

BESTACTIVITYBOOKS.COM/FREEGAMES